Günther Mohr

Transaktionsanalyse für die Politik

Neuer Blick auf
Corona-Leugner,
Wettkampfmentalität
und Gender-Gerechtigkeit

Verlagslabel: MOHR MEDIA
ISBN Hardcover: 978-3-347-61331-7
Druck und Distribution im Auftrag des Autors:
tredition GmbH, Halenreie 40-44, 22359 Hamburg, Germany

Vorwort

Transaktionsanalyse (TA) ist eine über 60 Jahre alte sozialwissenschaftliche Methode mit der weltweit Menschen in ihrem persönlichen Fortkommen unterstützt werden, sei es in Form von Therapie oder in Beratung und Coaching. TA eignet sich auch sehr gut für die Entwicklung von Gruppen in Organisationen, seien es gemeinnützige, soziale oder kommerziell ausgerichtete. Ja, es können Organisationen sogar in Gänze damit analysiert und umstrukturiert werden. Die Vorgehensweise und Erfahrung mit dieser Arbeit habe ich bereits in einigen Büchern geschildert. Was noch weitgehend unterbelichtet ist, ist die Anwendung der Transaktionsanalyse in der Politik. Gemeint ist dabei praktische Politik im Sinne von Mandatsarbeit in der Demokratie aber auch die Betrachtung bestimmter politischer Phänomene mit der „TA-Brille“. Dies eröffnet neue Perspektiven und - so hoffe ich - andere Ansätze, über Politik im Großen und im Kleinen nachzudenken und sie zu verändern. Dazu werden verschiedene TA-Modelle vorgestellt und gezeigt, wie man sie im Zusammenhang mit Politik betrachten kann. Das Rollenweltenmodell, das Modell der Bezugsrahmen sowie psychologische Verträge und andere Konzepte sind gut auf das politische Feld anwendbar. Diese helfen, politischen Mandatsträgern sich zu orientieren, Gruppen eine Richtung zu geben, zeigen aber auch, worauf Beratungsangebote Wert legen können. Das Buch beginnt mit einem kurzen allgemeinen Einführungskapitel in die politische Transaktionsanalyse. Darauf folgt dann schon aktuell die Brisanz von Corona als politisches Thema. Also wer da schnell im Aktuellen sein will, kann dorthin springen.

1. Transaktionsanalyse in der Politik

Politische Transaktionsanalyse ist noch ein recht neues Feld, das aber auch einige interessante Wurzeln in der frühen Transaktionsanalyse hat. Ein Beispiel für aktuelle Literatur ist James M. Sedgwick (2020), der die aktuellen gesellschaftlichen Kontextbedingungen in ihrer Bedeutung für psychische Störungen hervorhebt. Auch das Social Engagement Committee der internationalen TA-Gesellschaft (ITAA) hat in den vergangenen Jahren ein Diskussionsforum zu übergreifenden politischen Themen wie Diskriminierung oder auch Corona entwickelt (Salters, 2021). Das Thema einer Veranstaltung war: „All in the same storm? But not in the same boat? Reflections on the storm itself and the uneven quality off the boats: Pandemic lessons for the TA community with reference to current and historical inequities („Alle in demselben Sturm? Aber nicht im selben Boot? Reflexionen über den Sturm selbst und die ungleiche Qualität der Boote: Pandemische Lektionen für die TA Community mit besonderem Bezug zu jetzigen und historischen Ungerechtigkeiten.“)

In der Geschichte der Transaktionsanalyse hat insbesondere Claude Steiner versucht, mit seiner „Radikalen Psychiatrie“ gesellschaftliche Bereiche zu beeinflussen (Steiner, 1987). Die Erweiterung des Rollenmodells von Bernd Schmid (2003) durch die Perspektive der Gemeinwesen-Welt – hat die Bedeutung dieses Lebensbereiches für Einstellung, Fühlen und Verhalten von Menschen deutlich gemacht (Mohr, 2015). Die politische Welt ist Teil dieser Gemeinwesen-Welt. Damit ist häufig ehrenamtliches soziales oder politisches Engagement der Menschen in ihrem heimischen Umfeld gemeint. Ob der Sportverein oder die Hausaufgabenhilfe. Hier sind Menschen aktiv und in einer Rolle, die die anderen Rollen der Person beeinflusst.

Politische Transaktionsanalyse befasst sich also mit der Analyse und Veränderung von gesellschaftlichen und politischen Situationen. Dabei ist zu beachten, dass die Transaktionsanalyse von ihrem Ursprung her Konzepte für die Beziehungsgestaltung von Menschen in professionellen Beratungs- und Therapiekontexten und auch Alltagssituationen entwickelt hat. Es bleibt zu untersuchen, welche Auskünfte uns transaktionsanalytische Modelle für den politischen Kontext geben. Aufschlussreich wird auch sein, zu überprüfen, wie das Menschenbild der Transaktionsanalyse bezüglich der ok-ok-Beziehung für politische Beziehungen passt. So habe ich mich gerade zum Thema Menschenbild auf die amerikanische Feministin und Sozialphilosophin Judith Butler bezogen, die insbesondere die praktische, sichtbare Umsetzung von Menschenbildaspekten fordert (Mohr, 2013).

1.1. Rollenwelten

Als Staatsbürger oder Bewohner gehört man automatisch zum politischen System, man hat hier immer eine Rolle, ob man will oder nicht. In der TA hat eine „Rolle“ nichts mit Schauspielern zu tun, sondern es ist eine Selbst- oder Fremdzuschreibung und mit bestimmten Aufgaben und Erwartungen verbunden. Die Rolle erweitert den transaktionsanalytischen Ichzustand durch einen System- oder Kontextbezug. Sie entsteht durch die Begegnung zwischen Person und System.

Bernd Schmid definierte die Rolle als ein kohärentes Muster aus Denken, Fühlen und Verhalten zuzüglich einer

Wirklichkeitsvorstellung und bestimmter Beziehungsmuster (Schmid, 1994). Sein Modell bestand aus drei Welten: in der Privatwelt ist man Mutter oder Vater, in der Professionswelt vielleicht Ärztin oder IT-Fachmann und in der Organisationswelt Abteilungsleiter oder Arbeiterin. Dieses Modell galt es auf weitere Lebenswelten auszudehnen, um mehr gesellschaftlich relevante Rollenbezüge des Menschen zu erfassen und das Modell im Sinne eines Balancemodells der Lebensbezüge nutzbar zu machen. Bei der Erweiterung um die Gemeinwesen-Rolle (Mohr, 2000) und dann um die Konsumentenrolle (Mohr, 2015) hatte ich im Hinterkopf, dass die Individualisierungsstrategie in Privat- und Berufswelt (Organisationsrolle und Professionsrolle) den Menschen insbesondere in seinen gesellschaftlichen Bezügen und Herausforderungen zu wenig abbildet. Ein Gemeinwesen-Engagement ist in unserer Gesellschaft zunehmend notwendig und wird auch von zahlreichen Menschen wahrgenommen. Politische Mandatsarbeit etwa in einem Stadtteil oder Kreisparlament ist solch eine realisierte Gemeinwesen-Rolle. Zunächst sind gewählte Politiker Volksvertreter, Vertreter des Gemeinwesens. Freilich gibt es auch viele Berufspolitiker. Neben dem Mandat der Bevölkerung ist ein Politiker vielleicht Fraktionschef oder Leiter eines Ministeriums, damit in der Organisationswelt Vorgesetzter und Führungskraft. Das transaktionsanalytische Rollenmodell kann also zur Analyse von Situationen sehr hilfreich sein.

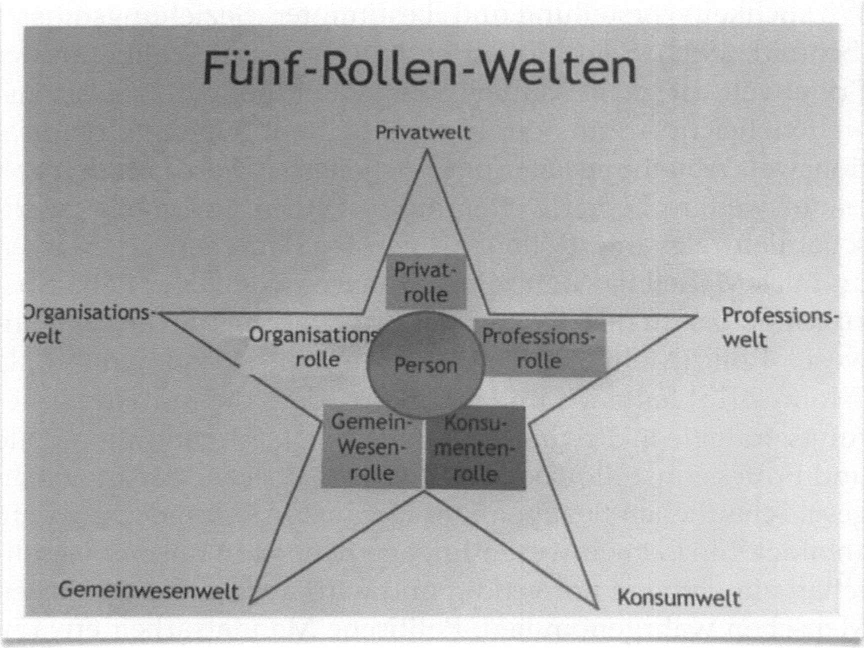

Abbildung 1: Rollenwelten © Mohr

1.2. Die Politikerrolle

Politiker vereinen also Elemente aus drei Rollenwelten: Gemeinwesen-Welt, Professionswelt und Organisationswelt. Wobei Politiker in der Regel keine Fachexperten für die Aufgabe sind, die sie übernehmen. Vollzeitpolitiker selbst in den höchsten Positionen, haben nur ein eingearbeitetes Wissen in dem Gebiet, für das sie zuständig sind, beziehungsweise die richtigen Leute, die sie unterstützen. Das vielfältige Auslagern von Expertise - etwa das Formulieren von Gesetzestexten durch externe Berater - ist ein Beleg für diese Situation und vielleicht auch berechtigter Anlass für Kritik. Politiker haben also keine spezifische Berufskompetenz für ihr Tun, besitzen im besten Falle aber Prozesswissen zum politischen Prozess. Ihre Professionsrolle haben sie meist in einem ganz anderen Gebiet, sind in ihrer beruflichen Sozialisation vielleicht Jurist, Ökonom, Theologe oder Arzt. Die berufliche Varianz ist in den Parlamenten mit ehrenamtlichen Politikern sicher größer als bei den Berufspolitikern. Aufgrund der Verrechtlichung der Politik haben Juristen und Verwaltungsfachleute hier Vorteile. Vielleicht auch ein Grund, dass Arbeiter oder Arbeiterinnen in den Parlamenten unterrepräsentiert sind. Heute ist die Akademisierung der Parlamente weit fortgeschritten. Auch wenn die Professionsrolle bei Politikern meist in den Hintergrund rückt, kommt sie ab und an - etwa bei Skandalen um vielleicht nicht ausgewiesene Nebentätigkeiten - zum Vorschein. Fast alle Politiker haben ein Multirollenproblem nicht nur durch ihre Rollen im Beruflichen und im Gemeinwesen, auch in ihren Organisationsrollen sind sie mehrfach unterwegs. Zudem haben sie innerhalb ihrer politischen Gruppierung Rollen wie Fraktionsvorsitzender, Ausschussmitglied, Parteimitglied.

Wie kann man nun das Rollenmodell in der Politik nutzen? Zunächst einmal sollten sich Politiker darüber bewusstwerden. Die Rollen sind mit vielerlei Ansprüchen und Erwartungen verbunden und bergen manchen Rollenkonflikt. Diesen zu benennen und zu analysieren ist bereits der erste Schritt in Richtung einer besseren Zusammenarbeit, denn die spezifische Arbeitsweise von Politikern und die Interaktion mit den verschiedenen Stakeholder birgt allerhand Sprengstoff.

1.3. Stufenmodell des politischen Engagements

Schaut man sich politische Äußerungen und Beteiligung von Menschen an, so finden sich verschiedene Stufen des Engagements und der resultierenden Beziehungsform. Es beginnt mit Gesprächen über Politik im privaten, etwa familiären Kreis. Dann folgt das Gespräch im Bekanntenkreis, die berühmten Stammtischgespräche. Die nächste Stufe ist ein meist themenspezifisches politisches Engagement etwa in einer Bürger-Initiative. Ab dieser Stufe ist der Beziehungspartner im politischen Kontext vor allem durch das politische Thema bestimmt, nicht mehr durch andere Rollenwelten. Diese Phase kann eine intensive Gruppendynamik und Gruppenentwicklung bedeuten. Beschließt die Initiative politische Aktionen, ist sie schon in eine ganze Reihe von rechtlichen Regelungen (z.B. Demonstrationsrecht) eingebunden. Eine weitere Stufe besteht im Eintritt in eine politische Partei und einem Bekenntnis für eine bestimmte politische Richtung. Dies bedeutet eine stärkere politische Einordnung und erfüllt das Bedürfnis nach Struktur, das in der Transaktionsanalyse als Grundbedürfnis gilt. Die Beziehungsintensität mit anderen hängt vom praktischen Engagement ab. Viele Parteimitglieder sind freilich auch „Karteileichen". Als fünfte Stufe folgt die des Mandatsträgers. Durch eine demokratische Wahl in ein Parlament gewählt, tritt jemand in eine politische Gestaltungsrolle ein, die - ob Regierung oder Opposition - mit vielen rechtlichen Regelungen verbunden ist. Die Beziehungsintensität in einer Fraktion ist hoch, da nun sowohl inhaltliche als auch taktische Gesichtspunkte, also wie man etwas durchsetzt, eine große Rolle spielen.

Eric Berne, Namensgeber der Transaktionsanalyse, hat ein beziehungsorientiertes Zeitstrukturierungsmodell entwickelt.

Darin bewegen sich die Protagonisten in sechs Stufen: Rückzug, Ritual, Zeitvertreib, Aktivität, psychologische Spiele und persönliche Nähe (Berne, 2005; Mohr, 2010). Das heißt, dass man unterschiedlichste Intensität und Nähe in der Beziehung hat, was meist mit unterschiedlichen Bindungen und Abhängigkeiten verbunden ist. Die Transaktionsanalyse stellt in diesem Zeitstrukturierungsmodell die Beziehungsqualität als Kriterium für die Zeitqualität, die wir erleben, in den Vordergrund. Zielsetzung ist dabei letztlich, eine Zeitstruktur zu erreichen, die genügend persönliche Nähe – Berner sprach von Intimität – beinhaltet. Allerdings sind Menschen hier auch sehr verschieden und für den einen oder anderen ist beispielsweise die Möglichkeit zum Rückzug entscheidend, um seine Energie wieder aufladen zu können. Auch die in der Mitte des Zeitstrukturierungsmodells liegenden Stufen, die Aktivitäten wie zum Beispiel Arbeit enthalten, sind im Leben wichtig. Unter Aktivitäten wäre auch die Politik anzusiedeln. Dies bedeutet aber gleichermaßen, dass man bei dieser Rollenwelt nicht den Anspruch des ständigen Wohlfühlens und der dauernden persönlichen Nähe haben kann. Denn es wird auch um Inhalte und Positionen gerungen. Ebenso besteht die Gefahr, in die Ebene des psychologischen Spiels abzurutschen, die eine Überprüfungsphase der Beziehung darstellt. Allerdings verbleiben manche Menschen gewohnheitsmäßig in der Opfer-, Retter- oder Verfolgerposition. Dies ist für den politischen Diskurs dann recht schwierig.

Die psychische Eintrittsschranke für eine Mandatstätigkeit sind hoch: die inhaltlichen Anforderungen, zumindest eine gewisse Entscheidungskompetenz, die rechtliche Einbettung und die Beziehungsintensität mit all ihren Facetten. Viele Menschen sind auch heute noch nicht praktisch in der

Demokratie angekommen, bleiben außerhalb des direkten demokratischen Gestaltungsprozesses und betrachten politische Gremien als Dienstleister und sehen nicht die eigene Verantwortung und Beitragsmöglichkeit. Nicht ohne Grund wird oft angemerkt, dass zentrale politische Veränderungen von außerhalb der Parteien und Parlamente kommen. Die Fridays-for-Future-Bewegung ist ein Beispiel dafür. Die spezifische Rolle von Opposition und Regierungsfraktion, von Abgeordneten und Regierungsmitgliedern umfasst häufig gravierende Informationsunterschiede und führt zu emotionaler Aufladung und zu Eifersucht und Misstrauen.

Zwischen einer Parlamentsfraktion und einer Partei gibt es in der Regel schon ein Informationsgefälle, was die konkreten parlamentarischen Projekte anbelangt. Einfache Parteimitglieder haben es leichter, Inhalte deutlich, ohne Ansehen des Koalitionspartners zu vertreten, weil sie in der Stufenfolge des politischen Engagements noch auf einem quasi unschuldigeren Niveau sind. Die Umsetzung politischer Vorhaben erfordert dann strategische und taktische Überlegungen. Sie hängt aber auch von der Bereitschaft ab, regieren zu wollen. Der ehemalige SPD-Vorsitzende Franz Müntefering sagte einmal „Opposition ist Mist". Es hat den Anschein, als ob es Politikergenerationen gibt, die jeweils an einer bestimmten Stelle auch die Machtoption wollen und dafür auch kompromissbereit sind. Die ersten Bundes-Amtsträger aus der Partei Bündnis 90/Die Grünen, Joschka Fischer, Jürgen Trittin und Renate Künast, haben dies gezeigt. Man darf gespannt sein, wie die Politiker der Regierungsfraktion aus dem Jahr 2021 rund um Robert Harbeck und Annalena Baerbock dies realisieren. Allerdings gibt es heute für sie ein vermutlich eher knappes Zeitfenster.

Vom Soziologen Vilfredo Pareto, der durch die 80:20-Regel des Arbeits- und Zeitmanagements bekannt wurde, gibt es auch eine interessante Elitentheorie, nach der sich in bestimmten Zeitabläufen Eliten abwechseln. Dies trifft nicht nur auf Revolutionen zu, sondern auch gemäßigte Übergänge. Für Pareto ist die Geschichte ein Friedhof der Aristokratien. Immer wieder entwickeln sich Reserveeliten, die die vorhergehenden ablösen. Man könnte nun betrachten, wie sich innerparteilich als auch überhaupt im Geschehen von politischen Einheiten die führenden Leute in der Form neuer Eliten ablösen.

1.4. Der Bezugsrahmen der Politik

Der Bezugsrahmen ist die Sicht, die Menschen auf die Welt haben, beispielsweise optimistisch oder pessimistisch, aber auch wie sie spezielle einzelne Themen bewerten. Die Bezugsrahmentheorie (Schiff, 1975; Schmid, 1994) beschreibt die Art, wie Wirklichkeiten konstruiert werden mit Wertung und Abwertung. Dies wiederum hat Aktivität und Passivität oder auch Grandiosität zur Folge. Das Bezugsrahmen-Modell eignet sich hervorragend für die Analyse politischer Prozesse. Politische Kontexte funktionieren nach eigenen Regeln und sind von denen des Privatlebens aber auch der Wirtschaft sehr unterschiedlich. Das Durchsetzen eigener Positionen, Darstellung vor dem Wahlvolk, dann wieder Kompromisse und Treue zum Koalitionspartner und mehr spielen eine wichtige Rolle. Es sind zum Teil widersprüchliche Ziele und das systemische Driften im Sinne einer Unbestimmtheit des Weges wird hier sehr stark erlebt.

- **Jackie Schiff et al. (1976):** Der Bezugsrahmen ist die Sicht der Welt, von sich selbst und von anderen.

- **Bernd Schmid (1994):** Der Bezugsrahmen ist ein Metaprogramm, das Persönlichkeitsanteile steuert.

Vom Bezugsrahmen her wird gerne das eigene Bild der Realität als überlegen dargestellt. Man versucht in eine herrschende Position zu gelangen. Beziehungsmäßig bedeutet dies eine ständige gekreuzte Transaktionswelt, in der jede Partei in die dominante Position des strukturierenden Eltern-Ichs zu kommen versucht. Gekreuzte Transaktionen bedeuten, dass der andere aus einer anderen Haltung antwortet, als man es adressiert und erwartet hat. Zum Beispiel versucht eine Partei aus einem dominant-strukturierenden Bestreben die andere in eine angepasste Haltung zu bringen. Die andere Partei macht es aber genauso und versucht wiederum, den Gegner in die Anpassung zu bringen. Dies wird ein stetiger Kampf, in der die Kommunikation auch zeitweise abbrechen kann. Es entsteht eine konkurrierende Symbiose (Schiff, 1975).

Entsprechend geben auch die Spieltheorie, die Zwickmühlentheorie (Schmid und Jäger, 1986) und das Powerplay-Konzept (Steiner, 1987) wichtige Anregungen, was in solch umstrittenen Themenbereichen mit echten Problemen, aber auch vielen Interessengruppen passiert. Die Spieltheorie beschreibt Beziehungskonstellationen, die nicht mit guten Gefühlen ausgehen, sondern eher in Enttäuschung, Ärger und anderen unangenehmen Gefühlen resultieren. Der Grund wird in erster Linie im Ausblenden von Bedürfnissen oder deren Äußerung durch Beteiligte und in der dadurch entstehenden doppelbödigen Kommunikationen sowie einer zu geringen Achtsamkeit in der Kommunikation gesehen. Außerdem entsteht leicht eine Eskalationsspirale, wenn Menschen aus dem Muster nicht herauskommen. Das Zwickmühlenkonzept beschreibt

Situationen, in denen erst einmal keine Lösung brauchbar erscheint. Die darin liegende Verzweiflung muss dann meist erst gespürt werden, damit eine Lösung erscheinen kann und man bereit ist, einen Preis zu zahlen. Powerplays sind bewusst initiierte Unterwerfungsmanöver anderen gegenüber. Im Gegensatz zu psychologischen Spielen, in die man unbewusst hineingeht oder hineinschlittert, sind Powerplays strategisch und mit intrigantem Ziel eingesetzte Manöver. Auch das soll es in der Politik geben.

Für die Gemengelage ist auch geeignet, was man im transaktionsanalytischen Lernprozess der vielen Supervisionen lernt, nämlich innerlich achtsam wahrzunehmen, wie der eigene Assoziations- oder auch Dissoziationsprozess bei Themen läuft. Woran hängt man wirklich sein Herz und wo ist es schnell verloren? Auch Parallelprozesse konfliktärer Themen in die Gruppendynamik einer Fraktion sind nicht selten. Parallelprozess bedeutet, dass beispielsweise ein Konflikt in der Bürgerschaft manifestiert und dies auf die Fraktionsmitglieder zurückkoppelt und sich als Streit konstelliert. Es muss aber auch nicht immer ein Streit sein, es kann auch Zähigkeit oder Kreativlosigkeit bei Themen umfassen. Die TA-Konzepte geben für solche Herausforderungen in politischen Gremien gute Beratungshinweise.

1.5. Psychologische Verträge von Parteien

Die Vertragsarbeit ist einer der Kernpunkte des transaktionsanalytischen Vorgehens, weil darin das Erwachsenen-Ich als steuernde Instanz und die Autonomie als zentrales Steuerungsprinzip zum Tragen kommt. Eric Berne unterscheidet drei Vertragsebenen:

- administrativ (Rahmen, Zeit, gegenseitige Vergütung),
- professionell (Zielrichtung und Vorgehensweise einer professionellen Beziehung)
- und psychologisch (das, was man auf der Beziehungsebene voneinander erwarten kann).

Vor allem die psychologische Ebene ist in der Politik interessant: Was versprechen Parteien ihren Wählern? So hat die SPD zusammen mit den Gewerkschaften Menschen, die in materieller Unsicherheit lebten und hart arbeiten mussten, lange Zeit versprochen: „Wir stehen an Eurer Seite und schützen Euch vor den schlimmen Auswirkungen des Kapitalismus." Diesen psychologischen Vertrag hat die SPD im Zuge neoliberaler Tendenzen in den 1990er Jahren dahingehend verschoben, dass sie den sozialen Schutz der Menschen zunehmend privatisierte (Hartz IV, Riester-Rente, niedrigere Steuer auf Kapitaleinkommen als auf Arbeit). Die Veränderung des psychologischen Vertrages hatte einen Rückzug vieler „Vertragspartner" auf Wählerseite zur Folge.

B90/Die Grünen bieten einen ganz anderen psychologischen Vertrag. Ihre Klientel hat nicht das Thema materielle Sicherheit, sondern eher Angst vor Klimaschäden. Sie versuchen diese Erwartung zu bedienen und erreichen damit in einer Wohlstandszeit große Wahlerfolge. CDU/CSU boten ihren Wählern lange Zeit an, dass sich möglichst wenig verändert – „keine Experimente" war das Schlagwort – und anstehende Herausforderungen konnten mit den vertrauten Methoden angegangen werden. Sie warten ab und realisieren dann mit einem Koalitionspartner jeweils gemäßigte Lösungen für anstehende Fragen.

Im Abwertungsmodell gesprochen, erkennen die bisher genannten Parteien die anstehenden Probleme an und offerieren Lösungen. Rechtsextreme Parteien dagegen werten häufig Themen auf der Existenz- und Bedeutungsebene ab. Die Lösungsvorschläge, die sie machen, enthalten oft Missachtung wesentlicher Aspekte demokratischer und zivilisierter Gesellschaften.

1.6. Ein erstes Resümee

Die politische Bühne ist eine eigene Welt. Gegnerschaft und Konkurrenz sind ein Konstruktionsmerkmal. Kooperations- und Kompromissfähigkeit müssen immer wieder errungen werden. Durch die permanente Konkurrenzsituation, in der Politiker stehen, sowie die weitgehende Verrechtlichung aller praktischen politischen Schritte entsteht eine eigene Welt, zu der Bürger aus ihrer Privatrolle heraus oft kaum Zugang haben. Hier müsste es darum gehen, die permanente Konkurrenzsituation, aber auch das Verrechtlichte zugunsten von Kooperation und einer anderen Sprache, vielleicht vergleichbar der „einfachen Sprache" zu verändern.

Tiefer forschen und weiterdenken

Berne, E. (2005): Grundlagen der Gruppenbehandlung. Junfermann: Paderborn.

Mohr, G. (2010): Workbook Coaching und Organisationsentwicklung, Bergisch-Gladbach: EHP-Verlag.

Mohr, G. (2015): Systemische Wirtschaftsanalyse. Bergisch-Gladbach: EHP-Verlag.

Schiff, J. (1975): Cathexis Reader, New York u.a.: Harper & Row.

Schmid, B. (1994): Wo ist der Wind, wenn er nicht weht? Paderborn: Junfermann.

Schmid, B., Jäger, K. (1986): Zwickmühlen. Oder Wege aus dem Dilemma-Zirkel. In: Zeitschrift für Transaktionsanalyse 3/86, S. 5-16.

Sedgwick, J.M. (2020): Conatextual Analysis. London ans New York: Routledge

Steiner, C. (1987): Macht ohne Ausbeutung, Paderborn: Junfermann.

Weigel, S. (2012): Konfliktmanagement in der öffentlichen Verwaltung des aktivierenden Staates mit Transaktionsanalyse und transaktionsanalytisch fundierter Mediation. Berlin: Duncker & Humblot.

2. Corona als Prototyp für herausfordernde Krisensituationen

Viele Menschen ließen sich auf die Empfehlungen und Anweisungen der Regierung zu Corona ein. Dies betrifft auch das Impfen, die stärkste derzeit vorhandene Maßnahme gegen die Verbreitung des Coronavirus. Aber ein durchaus bedeutsamer Teil der Gesellschaft hat Bedenken und will das nicht mitmachen. Dies trifft nicht nur auf Deutschland zu, sondern ebenso auf viele andere Länder wie die USA, Großbritannien oder auch den Impfprimus Israel. Im Folgenden werden einige Gruppen aus dem Spektrum der sich akademisch darstellenden, aber fundamentalen Kritiker an der offiziellen Kommunikation zu Corona und den Maßnahmen zur Eindämmung von Covid-19 vorgestellt sowie nach transaktionsanalytischen Modellen betrachtet. Zudem wird auch eine Untersuchung zur aktuellen Haltung der Bevölkerung zur Politik vorgestellt. Am Ende gibt es einige Hinweise zum konkreten Gespräch und zur Verständigung.

2.1. Die Coronasituation

Bei Corona geht es zunächst um ein medizinisches, aber aufgrund seiner pandemischen Seite um ein höchst gesundheitspolitisches Phänomen mit Auswirkungen auf Wirtschaft und Gesellschaft bis hin zur Wahrnehmung der Grundrechte. Sobald politische Institutionen betroffen sind, also Parteien, Staatsorgane oder öffentlich-rechtliche Medien, betritt man systemtheoretisch einen eigenen Kontext. Dieser ist, wie erwähnt, verschieden von dem sonst in transaktionsanalytischen Betrachtungen fokussierten Zusammenhang wie Therapie,

Beratung oder auch anders als private Interaktionen. Im Sinne der Soziologie von Niklas Luhmann kommt man in ein anderes System. Auch in der Demokratie beinhaltet Politik insbesondere einen starken Wettkampfcharakter, der wiederum bestimmte Systembedingungen und Regeln braucht, damit demokratische Politik funktionieren kann.

Aufgrund der staatlichen Vorgaben ist das Handeln zum Schutz vor Corona, beispielsweise das Masketragen oder sich in Gruppen zu versammeln, keine rein private Entscheidung mehr. Es handelt sich um staatliche Vorgaben, die durch politische Gremien, die demokratisch gewählt sind, entschieden wurden. Und dieser Entscheidungsprozess der Politik folgt bei Corona einer agilen Logik. Es wird deutlich, dass man sich in der VUKA-Welt (Volatilität, Unsicherheit, Komplexität, Ambiguität) befindet, in einer sich ständig verändernden Lage. Manche wünschen sich auch noch schnellere Reaktionen der Politik, etwa bei neuen Varianten oder der Zulassung des Impfstoffes für bestimmte Bevölkerungsgruppen.

Insgesamt liegt so von Anfang an eine interessante Gemengelage vor: Privatwelt, Professionswelt, Medizin und politische Gemeinwesenwelt. Da nicht alle Bürger der Politik in diesen Situationen folgen wollen, soll anhand von Corona-Leugnern und Kritikern der Corona-Maßnahmen gezeigt werden, was in der Kommunikationspolitik falsch läuft.

Transaktionsanalytisch betrachtet, bedeutet die Leugnung der Existenz von Corona eine Abwertung auf der Existenzebene. Dies passiert heute nur noch sehr selten ganz offen. Häufiger ist eine Abwertung auf der Bedeutungsebene: Es wird nicht grundsätzlich geleugnet, dass es Corona gibt, es sei aber nur eine relativ ungefährliche, allenfalls mit Grippe und Erkältungskrankheiten vergleichbare Erkrankung. Sehr stark werden die allgemein anerkannten Lösungsmöglichkeiten, also die Maßnahmen, die regierungsseitig von Neuseeland bis Norwegen und von Thailand bis Chile sehr ähnlich sind, deutlich hinterfragt und in ihrer Wirksamkeit bestritten. Das hat dann oft auch entsprechende Konsequenzen für das persönliche Lösungsverhalten, etwa ob man sich impfen lässt oder eine Maske trägt.

Insgesamt lässt sich bei diesem in der Form neuen und ungewohnten Phänomen, das von außen - hier der Natur - auf die Menschen zukommt, eine große Polarisierung der Meinungen und Haltungen feststellen, die Freundeskreise entzweit und sich manchmal mitten durch Familien zieht. Menschen haben berechtigterweise Angst in der Coronasituation. Dies gilt es erst einmal zu registrieren und auch unterschiedliche Bewältigungsversuche anzuerkennen. Es geht aber nicht nur um eine Meinung, eine andere Einstellung zu einer politischen Fragen. Nein, wenn eine Person, die in weitem Konsens ermittelten und getragenen Maßnahmen nicht mitträgt, zeigt sie ein Verhalten, das für sie selbst und andere potenziell gesundheitsgefährdend ist. Der Fußballtrainer Jürgen Klopp soll den Vergleich gewählt haben, es sei wie ein alkoholisierter Autofahren. Dieser fühle sich auch selten in Gefahr, stellt aber objektiv gesehen eine Gefahr für andere und sich selbst dar.

Ich betrachte im Folgenden die sich auf Wissenschaft berufenden Corona-Leugner und Maßnahmenkritiker und beziehe mich nicht auf die Gruppen, die vom rechtsradikalen Rand oder extremen esoterischen Positionen gegen die Corona-Maßnahmen Argumente ziehen. Diese sind meist sehr schnell bei einer angeblichen Verschwörung von Bill Gates oder bei antisemitischen Parolen wie der jüdischen Weltverschwörung. Ich will mich begrenzen auf die, deren Argumente nicht aus solch dunklen Quellen stammen, obwohl manchmal doch die Vermutung entstehen kann, dass es hier fließende Übergänge gibt und manche oberflächlich sachlich anmutende Argumentation auch anders genährt ist. Ich finde es wichtig, gesprächsbereit zu bleiben und sich mit Positionen zu befassen, die nicht einem Mainstream folgen. Mir hat dazu die Initiative „Deutschland spricht", von Zeit-Online sehr imponiert (Tagesspiegel, 11.7.2018). Es ging dabei darum, einen zur eigenen Position konträren Gesprächspartner zu treffen und sich mit dem zu unterhalten. Die Kritik der Corona-Maßnahmen, die ich hier betrachte, sehe ich als politische Bewegung an. Ein Teil von ihnen hat sich auch in der Partei „Die Basis" weiter organisiert. Deshalb nehme ich dieses Phänomen unter die politische Transaktionsanalyse.

2.2. Akademische Coronakritiker I: Ärzte für Aufklärung

Die Ärzte für Aufklärung (ÄfA) beanspruchen für sich, evidenzbasiert zu argumentieren. Tatsächlich haben sie auch eine ganze Reihe wissenschaftliche Untersuchungen gesammelt. Diese aufgelisteten Untersuchungen erscheinen systematisch so ausgesucht, dass sie die Gefährdung durch das Virus infrage stellen. Oder sie versuchen zu belegen, dass bestimmte Maßnahmen zu enormen gesundheitlichen Schäden führen. Zum Beispiel: „Eine aktuelle wissenschaftliche Studie aus Deutschland belegt die negative gesundheitliche Auswirkung des Maskentragens in dieser Pandemie". Daraus ziehen die Ärzte für Aufklärung folgende nicht belegte Schlussfolgerungen: „Ganze Geburtskohorten von Kindern erfahren gegenwärtig unsägliche Traumata (Schulschließungen, Einschulungsfotos mit MNB, nicht gefeierte Geburtstage und Abschlüsse, ausgefallener Sport, verpasste Vereinserfolge, eine hinter MNB emotionslos erscheinende Gesellschaft, Mangel an sozialen Kontakten und Kind-Kind-Interaktionen, ...). All dies wird in Kauf genommen, obgleich **nur 1 bis 3% der Covid-Fälle bei Kindern** auftreten und die meisten dieser Fälle völlig asymptomatisch sind oder nur flüchtige, milde Symptome zeigen" (Fett-Hervorhebung im Originaltext)

Angenommen, an der gesundheitlichen Gefährdung durch das Masketragen ist etwas Wahres dran, wie kann man daraus auf eine Traumatisierung „ganzer Geburtskohorten" schließen? Dies ist deutlich zu weit hergeholt. Unter „Deutschland schadet der Welt" schreiben die Ärzte für Aufklärung: „Gegenwärtig ist Deutschland allerdings eine Hauptwurzel des weltweiten sozialen und wirtschaftlichen Übels, der Vernichtung menschlichen Miteinanders, dem Verlust von Arbeitsplätzen und Lebensgrundlagen, dem Anstieg von Armut, von Hunger und Kindersterblichkeit". Auch diese Behauptungen bleiben ohne Belege oder Beweise, so dass die Meinung vor der Evidenz hier den Vorrang zu haben scheint.

2.3. Wertung und Abwertung

Die Vorgehensweise der Ärzte ist aufwendig, aber ist sie überzeugend? Natürlich ist das Masketragen lästig. Natürlich sind die Ansteckungspotenziale bei bestimmten soziologischen Gruppen (alte Menschen, mittleres Erwachsenenalter, Adoleszente, Jugendliche, Kinder, Menschen mit und ohne Migrationshintergrund, verschiedene Einkommensgruppen etc.) unterschiedlich. Leider gibt es dazu in Deutschland nicht so viel

Datenmaterial wie etwa in Großbritannien oder Israel. Es ist jedoch eine Verzerrung der Wirklichkeit, die hier vorgenommen wird. Man versucht mittels (Über-)Wertung bestimmter Ergebnisse und dem Außenvorlassen anderer Studien eine bestimmte Wirklichkeit zu konstruieren. Übrigens: Es liegen zurzeit so viele wissenschaftliche Studien zu allen Aspekten rund um Corona vor, dass wissenschaftliche Zeitschriften mit ihren Begutachtungsprozessen kaum nachkommen. Allerdings steckt in der Selektion der Forschungsergebnisse, die die Ärzte für Aufklärung betreiben, letztlich eine Abwertung im transaktionsanalytischen Sinne, eine Abwertung der Notwendigkeit gegen die Krankheit Covid-19 vorzugehen.

2.4. Rollenwelten

Schaut man sich die Liste der Ärzte für Aufklärung (ÄfA) näher an, handelt es nicht unbedingt um Spezialisten in den Fächern Virologie oder Epidemiologie. Das muss vielleicht auch nicht unbedingt sein. Aber was auffällt: Die Rollenwelten werden von diesen Leuten konsequent vermischt. Im Grunde stellen die Ärzte für Aufklärung keine Wissenschaftler, sondern eine politische Gruppe dar. Sie gehen aus der Experten-, also der Professionsrolle heraus und bewegen sich in eine politische Rolle, die ich der Gemeinwesen-Welt zuzähle (Mohr, 2020). Sie nutzen ihre Profession, um einseitige politische Agitation zu betreiben. Das ist kaum anders als der Zahnarzt, der in der Zahnpastawerbung ein bestimmtes Produkt empfiehlt. Jeder weiß, das ist kein richtiger Zahnarzt und wenn es doch tatsächlich einer ist, diskreditiert er sich durch den Rollenwechsel in die Werbung.

Einzelne unterscheiden auch nicht zur Rolle der Privatwelt. Recherchiert man die Reden einzelner Frontmänner der ÄfA, so drohen sie, einzelne Vertreter der Wissenschaft persönlich vor Gericht zu ziehen. Sie wollen sie also nicht in ihrer Rolle als Experten widerlegen, sondern zeigen persönliche Betroffenheit und eine hohe Angriffigkeit. Man fragt sich: Worum geht es hier eigentlich?

Die Ärzteverbände haben sich entsprechend klar gegen die ÄfA positioniert und das Wirken einzelner ihrer Vertreter im Gesundheitssystem in Frage gestellt, was natürlich schnell in ein Dramadreieck (Verfolger-Opfer-Retter-Konstellation) münden kann, wonach sich die Corona-Leugner und Maßnahmengegner als Opfer fühlen können.

Eine Argumentation der Maßnahmengegner geht dabei auch gegen die Medien. Auf das Thema „Veränderung der Medien" gehe ich in einem späterer Abschnitt noch ein. Die Plattform YouTube ist für die Gegner der Corona-Maßnahmen zu einem wichtigen Medium geworden. Hier wird mit zum Teil merkwürdigen Dingen argumentiert. Ein Vertreter äußert sich in einem YouTube-Video etwa zum Verlust des gegenseitigen Händedrucks als Begrüßungsritual. Er sieht darin eine große Gefahr.

Die Plattform YouTube hat dann auch einzelne Videos der Ärzte für Aufklärung wegen des Gefährdungspotenzial gelöscht. Das ist aber in der Querdenkerszene fast schon eine Adelung und wird wieder als Beleg für deren Stimmigkeit genutzt. Denn gemeinsam mit anderen Gruppen teilt man und verbreitet die Auffassung, man könne heute aufgrund eines vorherrschenden Mainstreams nicht mehr offen seine

Meinung sagen. Dies ist nun ebenfalls eine generalisierte und nicht belegte Abwertung, die aber durchaus in vielen „Echoräumen" - so bezeichnet man die abgegrenzten Blasen bestimmter Meinungsgruppen - immer wiederholt wird.

Einseitigkeit und mangelnde Verhältnismäßigkeit ziehen sich bei den ÄfA durch. Die ganze Argumentation wertet die Bedeutung von Corona und Covid-19 systematisch ab und ist klar Corona-Maßnahmen-feindlich. Das Corona-Virus wird deutlich auf der Bedeutungsebene abgewertet. Dies zieht nach der transaktionsanalytischen Abwertungstabelle folgerichtig auch eine Leugnung des Sinns von Schutzmaßnahmen und auch eines entsprechenden eigenen Beitrags nach sich. Man muss allgemein nichts tun und braucht auch persönlich nichts beizutragen. Betrachtet man diese Form der Abwertung als prototypisch für Krisenerscheinungen, die mit dem Klimawandel noch auf uns zukommen, wird es spannend sein, zu betrachten, ob die Argumentation dort dann genauso sein wird.

2.5. Akademische Coronakritiker II:

Anwälte für Aufklärung

Der Auftritt der „Anwälte für Aufklärung" (AfA) sieht ähnlich aus wie der der „Ärzte für Aufklärung". Sie konzentrieren sich auf drohende Grundrechtseinschränkungen, die ihrer Meinung nach durch die Corona-Maßnahmen erfolgt sind. Insbesondere die unterschiedliche Behandlung Geimpfter und Ungeimpfter verstoße gegen einige Artikel des Grundgesetzes: Dies ist der Artikel 3 (Gleichbehandlungsgrundsatz) und Artikel 2 (freie Lebensgestaltung). Deshalb könnten diese

Maßnahmen nicht realisiert werden, ihre Rechtmäßigkeit hätte keine Chance bei einer gerichtlichen Prüfung, so glauben die AfA.

Dazu ist zu sagen, dass von der Mehrzahl der Grundrechtsexperten keine fundamentale Verletzung der oben genannten Grundrechtsartikel Artikel 2 und 3 angenommen wird. Bei einer starken Gefährdung der Gesundheit der Bevölkerung wie bei einer Pandemie seien solche Maßnahmen gerechtfertigt, und zwar zur Erhaltung von Gesundheit, Leben und Unversehrtheit des Menschen. Es sei rechtens andere Grundrechte etwa die Berufs- und Gewerbefreiheit wie im Gastronomiegewerbe oder bei Frisören zeitweise einzuschränken.

Die „Anwälte für Aufklärung“ kritisieren in einem offenen Brief an den Ethikrat vor allem die Impfung der Jugendlichen und Kinder, da dies den Elternwillen beeinflusse. „Eine individuelle Entscheidung von Eltern, ein Kind nicht impfen zu lassen, darf niemals zum Ausschluss des Kindes von der gesellschaftlichen Teilhabe und niemals zum Ausschluss vom Präsenzunterricht führen!“ Eine Technik, die die AfA nutzen, ist das Framing. Ein Zitat aus dem Brief an den Ethikrat: „Es muss sichergestellt werden, dass es sich bei einem Impfstoff nicht um einen in der Notzulassung befindlichen Impfstoff handelt, dessen Langzeitfolgen müssen absehbar und seine Nebenwirkungen sicher verträglich sein.“

Dazu eine Erklärung des Begriffes „Notzulassung“ von der Techniker-Krankenkasse: „In der EU haben alle Corona-Impfstoffe eine sogenannte bedingte Zulassung erhalten. Diese entspricht den Anforderungen einer ordentlichen Zulassung: Die Daten wurden genau geprüft, und der Nutzen des Impfstoffs überwiegt klar das Risiko.“ Es handelt sich also nicht um eine Notzulassung, sondern eine bedingte Zulassung.

Die AfA drücken sich vorsichtig aus: „Es muss sichergestellt werden, dass…“. Vermutlich wissen sie als Juristen, dass das, was sie mit „Notzulassung“ bezeichnen, nur ein juristischer Terminus Technicus ist und nichts mit „unvollständig“ oder gar „unbedacht“ zu tun hat. Die Impfstoffe sind durch alle Phasen der Prüfung durchgegangen, nur sind die Ergebnisse dieser Test-Phasen nicht, wie im bürokratischen System normalerweise üblich, langsam Schritt für Schritt bearbeitet worden, sondern haben bei den zuständigen Prüfstellen erste Priorität gehandhabt und sind so bedeutend schneller als sonst bei Medikamenten- oder Wirkstoffzulassungen üblich genehmigt worden. Die verschiedenen Phasen der Prüfung und Zulassung sind nicht nacheinander, sondern parallel behandelt worden. Die AfA suggerieren in ihrer Formulierung jedoch, dass an diesem Vorgang etwas nicht ganz richtig gelaufen ist. Eine Alternative bieten sie nicht.

Die AfA ziehen hier mit Bedacht die Eltern als Beispiel heran, weil sich dort der Konflikt zwischen der Abhängigkeit eines Bürgers von äußeren Strukturen und der Tendenz zur Autonomie am besten verdeutlichen lässt und an einem wunden Punkt vieler Eltern anknüpft. Eltern versuchen ihre Kinder auch vor einem vermeintlich schlechten oder bösen öffentlichen Schulsystem zu retten.

2.6. Autonomie

Die AfA spielen also auf die gefährdete Autonomie der Eltern an. Ein heutzutage sehr dankbare Argumentation. Autonomie ist in der Transaktionsanalyse ein wesentlicher Begriff. Er enthält Selbstbestimmung im Bewusstsein wechselseitiger Abhängigkeit. Der französische Transaktionsanalytiker Vincent Lenhardt (2017) beschreibt Stufen, durch die der Mensch in der Autonomieentwicklung hindurch geht. Nach einer von inneren Restriktionen geprägten Phasenstufe der Abhängigkeit (Phase 1), über die Rebellion in der Gegenabhängigkeit (Phase 2) folgt die Phase der „Unabhängigkeit" (Phase 3). Diese ist allerdings ein Zwischenstadium, in dem leider Viele in der individualisierten Gesellschaft verharren. Man fühlt sich nicht mehr gebunden, schaut auf sich selbst, aber man schaut eben auch nur auf sich. Was neben einem stattfindet, ist nicht sehr wichtig, es sei denn, es nützt direkt meinem „Ich".

Autonomie im Sinne der Transaktionsanalyse geht weiter, bedeutet eine weitere Stufe der Entwicklung. Es ist die Erkenntnis der wechselseitigen aktuellen Abhängigkeit von anderen. Der andere wird als wertvolle Ergänzung und Bereicherung für einen selbst begriffen (Phase 4). Empathie und Solidarität beruhen genau auf dieser Erkenntnis. Man sieht sich eingebettet in die Gemeinschaft der Menschen. Martin Buber prägte den Satz „Über das Du zum Ich werden". Man freut sich, Impulse von anderen zu registrieren und reflektiert aufzunehmen. Die Corona-Leugner wirken wie in der zweiten oder auch viele in der dritten Phase fixiert. Sie sind entweder prinzipiell gegen alles Staatliche oder sie sind auf sich fixiert. Selbst die, die zusätzlich gerne spirituelle Aspekte betonen und regelmäßig Retreats und Einkehr-Veranstaltungen absolvieren, schauen bei ihrem Urteil gegen die Corona-Maßnahmen nur auf sich selbst und die ihnen zugemuteten Einschränkungen und nicht auf den solidarischen Beitrag für alle.

2.7. Abwertung der Lösbarkeit

Es gibt eigentlich keine alternativen Lösungsvorschläge der Corona-Leugner, weder der AfA noch der ÄfA oder anderer. Dazu fällt mir eine Karikatur ein: Ein Mann sitzt in einer Wohnung, in der es brennt, in einem Sessel und überlegt, ob er die Feuerwehr rufen soll. Er hat Sorge vor den Wasserschäden, die das verursachen könnte. So ähnlich ist das Argument, man lasse sich nicht impfen wegen der unbekannten Langzeitfolgen. Angesichts der Kranken auf den Intensivstationen erscheint dies zynisch.

Was wäre demzufolge im Sinne der Kritiker die richtige Vorgehensweise? Erst die Ausbreitung der Pandemie mit allen ihren gesundheitlichen und wirtschaftlichen Schäden zuzulassen und einige Jahre zu warten, um dann erst zu impfen? Oder steckt nicht letztlich hinter der Kritik an verfrühten Maßnahme die Leugnung der Relevanz von Corona generell? Also ist die Abwertung der Lösbarkeit nicht letztendlich wieder eine Abwertung der Existenz?

2.8. Ich bin ok, du bist ok

Corona Gegner mit akademischen Hintergrund plädieren in erster Linie für weniger Eingriffe in ihr Leben. Nimmt man ihre Argumentationsstränge einmal ernst, so zeigt sich darin neutral ausgedrückt eine Abgrenzung gegenüber der Mehrheit der Menschen, zumindest gegenüber der Mehrheit der Wissenschaftler rund um den Globus. Und es zeigt sich eine starke Tendenz, sich nicht in die eigene Entscheidung, die Autonomie eingreifen zu lassen. Zum Teil wird auch so argumentiert, dass der Schaden durch die Corona-Maßnahmen bedeutend größer sei als ihr Nutzen. Was fehlt, ist die Einsicht in die grundlegende Verbundenheit der Menschen, dass das Verhalten des Einzelnen direkte Auswirkungen auf den anderen hat. Die Pandemie zeigt gerade, dass wir keine nebeneinander lebenden Einzelwesen sind. Das „Ich bin ok, Du bist ok" der Transaktionsanalyse kann man auch eng verbunden sehen mit dem Grundgedanken des systemischen Ansatzes, in dem die Vernetzung von Menschen betrachtet wird.

Die in der Transaktionsanalyse betonten Bedürfnisse, einerseits nach Anerkennung, Zugehörigkeit (Mountain/Davidson, 2006) und Kontakt (van Beekum, 2000), sowie das Bedürfnis nach Struktur hängen eng mit dem Menschenbild der TA zusammen. Kritiker der Corona-Maßnahmen stellen es so dar, als wenn jeder die absolute Entscheidung über sich selbst behalten müsse, egal welche Auswirkungen das auf den anderen hat.

Verweisen kann man hier auf Immanuel Kant, der sagte: „Die Freiheit eines jeden beginnt dort, wo die Freiheit eines anderen aufhört." Dies kann man meines Erachtens auf das Gesundheitsverhalten übertragen. Wenn ich ein Gesundheitsverhalten an den Tag lege, das den anderen gefährdet, verlasse ich das gemeinsame Interesse.

9. Ein fruchtbarer Boden für Kritik

Machen wir uns nichts vor: Es ist eine Menge schiefgelaufen während der Pandemie. Von der (anfänglichen) Nichtempfehlung des Maskentragens, über die Skandale bei der Maskenbeschaffung, die ungenügende Testversorgung, die Verzögerungen bei der Impfstoffbeschaffung: All das kann man kritisieren. Handwerkliche Fehler in der professionellen Expertise, in der Kommunikation, vorsintflutliche digitale Ausstattungen der Behörden und auch Mindset-Probleme bei Behörden, die die Krise zunächst nicht als solche werten konnten, haben zu Beginn deren mangelnde Change- und Krisenkompetenz gezeigt. Im Ganzen hilft hier ein Blick über den deutschen Tellerrand und über einen fixierten Blick auf Spahn, Merkel, die Ministerpräsidenten oder Karl Lauterbach hinaus: Bei der Olympiade in Tokio sind 206 Nationen ins Olympiastadion einmarschiert. Davon haben die Regierungen von 205 Ländern die Existenz von Corona eingeräumt, mittlerweile selbst Nordkorea. Einzig Tansania bildete eine merkwürdige Ausnahme, dort wurde Corona zu dem Zeitpunkt noch geleugnet. Von Neuseeland bis Norwegen, von Südafrika bis zur Mongolei und von Chile bis nach Indonesien hat man sich mit der Coronafrage beschäftigt und deutlich unabhängig voneinander agiert und reagiert. Die getroffenen Maßnahmen hatten und haben eine gewisse Streuung von sehr radikal in China, Singapur, Australien und Neuseeland bis eher gewährend wie in Schweden oder Brasilien. Deutschland wie die Schweiz oder auch die USA liegen in der Mitte, was die Schärfe der Maßnahmen wie Lockdowns etc. anbelangt. Die Maßnahmen waren dennoch sehr ähnlich, zumindest wenn es den Ländern aufgrund ihrer Ressourcen möglich war.

Abwertungen kann man zudem nicht nur von den Corona-Leugnern, sondern auch auf der politischen Maßnahmenebene sehen. Zu betrachten ist hier der Bezugsrahmen, der durchaus andere konkurrierende Perspektiven enthält. Für Deutschland und Europa ist dies beispielsweise der Datenschutz. Für sozio-ökonomische Aspekte der Verbreitung der Krankheit muss man sich hierzulande häufig auf

Forschungsergebnisse aus Israel oder Großbritannien beziehen. In Deutschland wird - Stand Oktober 2021 - eine generelle Impfpflicht ausgeschlossen. Dies ist in anderen Ländern durchaus anders. Darf es dazu eine Diskussion geben? Könnte es möglicherweise für bestimmte Berufsfelder Ausnahmen geben? Dies berücksichtigt die Erfahrung, dass das Virus sich in Pflege- und Altersheimen so schnell ausbreiten konnte, nicht nur weil dort vulnerable Menschen wohnen, sondern auch, weil machen Pflegekräfte sich nicht impfen lassen mochten, selbst als dies schon möglich war.

2.10. „Lügenpresse" - oder wer darf wo reden?

Die Kritiker der Corona-Maßnahmen beklagen häufig, dass ihre Meinung in den Medien nicht mehr vorkomme oder sogar, dass die freie Meinungsäußerung eingeschränkt sei. Bei den öffentlich-rechtlichen Medien aber auch bei der sogenannten bürgerlichen Presse wird oft eine Einseitigkeit in Richtung Unterstützung der Regierungspolitik unterstellt. Dies kann man beispielsweise von der Bild-Zeitung und von Bild-TV nicht behaupten. Die „Bild" feuert seit Beginn der Pandemie eine Breitseite nach der anderen gegen die Regierungspolitik und ist in ihren Worten und Formen nicht sehr wählerisch. Auch in der übrigen sogenannten bürgerlichen Presse kommen Impfgegner zu Wort, ihre Meinung bleibt allerdings nicht unkommentiert stehen, sondern es werden in der Regel auch - wie es der Auftrag der Presse ist - Gegenargumente genannt. Prinzipiell muss man sagen, dass es heute (fast) uneingeschränkte Möglichkeiten der Meinungsäußerung auf eigenen medialen Plattformen, etwa in YouTube-Kanälen oder auf eigenen Webseiten gibt.

Geht es den Corona-Leugnern und Kritikern der Presse nicht vielmehr darum, eine Bühne für Meinungen zu bekommen und auch mehr um Selbstdarstellung als um inhaltliche Argumentation? Dies passt zu der von Andreas Reckwitz postulierten gesellschaftlichen Veränderung hin zu Singularität und dem Postulat der Einzigartigkeit verbunden mit dem Streben nach Selbstdarstellung (Reckwitz, 2017). In der Postmoderne, wie man die heutige Epoche in der Soziologie nennt, neigen Menschen zunehmend dazu, Eigenständigkeit und Selbstinszenierung in den Vordergrund zu stellen. Transaktionsanalytisch betrachtet könnte man fast annehmen, dass sich darin der Anspruch der transaktionsanalytischen Autonomie manifestiert. Dies ist in meinen Augen allerdings deshalb nicht der Fall, weil der Aspekt der Bezogenheit auf den anderen Menschen, der Solidarität und Empathie enthält, in der Singularität zu kurz kommt. Solidarität und Empathie sind allerdings starke Elemente der transaktionsanalytischen Autonomie.

Allerdings zeigt sich in der Bevölkerung auch sehr Ermutigendes. Der Psychologe Stephan Grünewald vom Rheingold Institut in Köln hat aufgrund von Tiefeninterviews mit Tausenden Teilnehmern an Studien 2021 die aktuelle Haltung in der Bevölkerung untersucht und hat sechs Gruppen ermittelt: Überforderte-Ängstliche, Enttäuschte-Radikale, Umweltbewusste, Engagierte-Optimisten, Zufrieden-Moderate und Desinteressiert-Zurückgezogene und dabei ein Vorherrschen der Gruppe der Zufrieden-Moderaten festgestellt (Grünewald, 2021a).

„Das Vertrauen in das demokratische System ist mehrheitlich fest verankert. Auch von Politikverdrossenheit in Form von ausgeprägtem Nichtwählertum ist wenig zu spüren. Überforderung, Verwirrung und Frustration sind im Verhältnis zu politischem Gestaltungswillen bei den Wähler: innen gering ausgeprägt. Vielmehr ergibt sich der Eindruck, dass durch die Corona-Krise eine zunehmende Politisierung der Wählerinnen stattfindet" (Grünewald, 2021b). Diese Einschätzung lässt vermuten, dass die Corona-Leugner gesellschaftlich in der Minderheit sind.

Transaktionsanalytisch eingeordnet zeigt sich somit aus meiner Sicht ein deutlich auf die Realität und nicht auf Extreme oder zu viel Emotionen wie Ängste bezogener Standpunkt. Man könnte natürlich sagen, dass es dabei um eine Verdrängung tatsächlicher Gefahren handelt. Dies erscheint mir allerdings nicht so naheliegend.

2.11. Wie kann man Corona-Kritikern begegnen?

Als aufgeklärte Menschen sollte man dem Prinzip der Gesprächsbereitschaft folgen. Doch diese hat auch ihre Grenzen. Soll man diskutieren oder sich zurückziehen? Wie geht man mit möglicherweise schlechten Gefühlen in oder nach so einer Diskussion um? Vielleicht denken beide, dass der jeweils andere keine Ahnung hat, spinnt oder sonst ein Defizit hat. Beides riecht nach einer „Ich bin ok, Du bist nicht ok"-Haltung.

Theoretisch gesehen ist eine Meinung - egal auf wieviel Fakten sie beruht - eine Konstruktion von Wirklichkeit. Beide glauben und vertrauen ihren Quellen. Da es aber nicht nur um eine Meinung geht, sondern um ein potenziell gefährliches Verhalten, ist es je nach Situation unabdingbar, auch eine bestimmte Reaktion des Gegenüber - Maske tragen, Test machen, sich impfen lassen - einzufordern.

Die folgenden Ideen sind für Gespräche mit Menschen, deren Kritik sich auf Corona und die Maßnahmen begrenzt. Bei Menschen, die rassistische, antisemitische und generell die Demokratie in Frage stellende Positionen vertreten, passen diese Ideen nicht, weil in der Regel keine Gesprächsbasis vorhanden ist (vgl. auch Ministerium des Innern des Landes Nordrhein-Westfalen Stand: Mai 2021: Sonderbericht zu Verschwörungsmythen und Corona-Leugnern).

Was man im Einzelnen tun kann:

- den Gesprächspartner in seinen Ängsten und Bedürfnissen ernst nehmen
- die Gemeinsamkeit des Hineingestellt Seins in die neue, außergewöhnliche Situation betonen
- den Wunsch nach Kontrolle dieser Situation anerkennen
- die besondere Situation der Neuartigkeit des Phänomens Corona unterstreichen
- Falschaussagen oder Einseitigkeiten sofort ansprechen, etwa wenn jemand behauptet, es sei erwiesen, dass Masken schädlich oder unnötig sind
- nach den Publikationen der Falschinformation fragen
- Gespräch anbieten und auf seriöse Quellen hinweisen; Austausch dazu anbieten
- sich darüber im Klaren sein, dass Veränderungsprozesse im Denken zu diesen Themen Zeit brauchen. Denn die Auffassungen sind häufig mit tiefen Unsicherheiten beispielsweise über Geborgenheit in menschlichen Gruppen etc. verbunden. Außerdem sind tiefe Selbstdestruktionstendenzen des Corona-Leugners, die ja durchaus mit selbstbewusst erscheinenden

narzisstischem Auftreten einhergehen können, auch möglicherweise ein Grund.

- deutlich Grenzen ziehen, wenn sich rassistische, antisemitische oder ähnliche Auffassungen zeigen
- deutlich schützendes Verhalten einfordern, etwa Maske tragen, Abstand halten, bei Meetings Test von Ungeimpften fordern. Es gilt also durchaus, Verhalten einzufordern.
- Im Extremfall Kontaktabbruch ankündigen bzw. auch in letzter Konsequenz wahrnehmen

Quelle: „Der Bürgerbeauftragte der bayerischen Staatsregierung: Corona: Argumentationstipps"

2.12. Last but not least

Man kann in der Corona-Pandemie einen Prototyp für zukünftige Herausforderungen sehen, die die Natur an die einzelnen Menschen und die Gesellschaft stellen wird (Mohr, 2021). Überraschende, bisher in der Form nicht so dagewesene Ereignisse müssen möglicherweise als Folge des Klimawandels bewältigt werden. Die Flutkatastrophe in Rheinland-Pfalz und Nordrhein-Westfalen gibt einen Vorgeschmack. Wie werden die Menschen und die Politik reagieren? Wird es jeweils starke Polarisierungen der Standpunkte geben oder wird man sich in Toleranz und Realismus den Aufgaben stellen.

Meine persönliche abschließende Frage an Corona-Leugner und Impfgegner ist: Was hat die Gesellschaft Euch getan, dass Ihr Euch hier einem so wichtigen gesellschaftlichen Konsens im solidarischen Handeln (z.B. Maske tragen, sich impfen lassen) versagt?

Tiefer forschen und weiterdenken

van Beekum, S. (2000): From Autonomy to Contact, Transactional Analysis Journal 30(1):52-57.

Grünewald, S. (2021a): Wie wir wirklich leben - Studie zur Lebenswirklichkeit in Deutschland (gelesen 30.08.2021)

Grünewald, S. (2021b): Stefan Grünewald, https://www.rheingold-marktforschung.de/zur-wahlstimmung-in-deutschland/ (Gelesen, 24.8.2021) Das Interview führten Sonja Banze und Christian Schütte. Es wurde am 22.07.2021 im Manager Magazin (08/2021) veröffentlicht.

Lenhardt, V. (2017): My 10 Strategies for Integrative Coaching - Co-Constructing the Journey from Freedom to Responsibility, Cham (CH): Palgrave Macmillan.

Mohr, G. (2013): Menschenbilder steuern Aufmerksamkeit, in: Zeitschrift für Transaktionsanalyse, 30. Jg., 2, S. 99-124.

Mohr, G. (2020): Einführung in die systemische Transaktionsanalyse von Individuum und Organisation, Heidelberg: Carl-Auer-Verlag.

Mohr, G. (2021): Corona, ein Prototyp für Entwicklungen in Zukunft? https://www.youtube.com/watch?v=gojefzu_gEI&t=33s (zuletzt gesehen 6.9.2021)

Mountain, A. and Davidson, C. (2006): Working together. Organizational Transactional Analysis and Business Performance. Fankam/UK: Gower.

Reckwitz, A. (2017): Die Gesellschaft der Singularitäten. Zum Strukturwandel der Moderne. Berlin: Suhrkamp 2017.

Salters, D. (2021): All
in the same storm? But not in the same boat? Reflections on the storm itself and the uneven quality of the boats: Pandemic lessons for the TA community with particular reference to current and historical inequities, in The Script, June 2021, p. 11.

Schmid, B. (2003): Systemische Professionalität und Transaktionsanalyse, Bergisch Gladbach: EHP:

Tagesspiegel, 11.7,2018 „Deutschland spricht": https://www.tagesspiegel.de/berlin/aktion-deutschland-spricht-sie-wollen-mit-andersdenkenden-diskutieren-melden-sie-sich-hier-an/22786662.html (zuletzt gelesen, 28.8.2021)

Feldrand-Videos von Günther Mohr auf YouTube

- Transaktionsanalyse: Das ok-ok hat Schrammen bekommen
- Grundbedürfnisse und Corona-Krise
- Corona verändert Nähe zwischen Menschen
- Corona-Kritiker
- Corona-Leugnung = Abwertung
- Politik in der Coronazeit (Redefinitionen)
- Corona ertragen dank technischem Fortschritt

Kinder-Masken-Studie im Faktencheck

https://www.tagesschau.de/faktenfinder/kinder-masken-studie-103.html vom 16.7.2021, zuletzt gesehen 29.7.2021

Voraussagen der Corona-Leugner

Ärzte für Aufklärung: „Unsere Wissenschaftliche Covid-19 Impfkritik“ https://www.aerztefueraufklaerung.de/ethik-und-wissenschaft/index.php, zuletzt gelesen 6.9.2021

Offener Brief der Anwälte für Aufklärung an den Ethikrat https://www.afaev.de/sites/default/files/2021-06/2021%2006%2015%20Ethikrat.pdf zuletzt gelesen 29.7.2021

Die vielen Fehlschläge der „Querdenker“ - So oft irren sich die Verschwörungsideologen, 31.7.2021,

https://www.tagesspiegel.de/themen/reportage/die-vielen-fehlschlaege-der-querdenker-so-oft-irren-sich-die-verschwoerungsideologen/27471378.html (zuletzt gelesen 6.9.2021)

Umgang mit Corona-Leugnern und Maßnahmenkritikern

- Der Bürgerbeauftragte der bayerischen Staatsregierung: Corona: Argumentationstipps“ (zuletzt gesehen 4.9.2021) https://www.buergerbeauftragter.bayern/corona-argumentationstipps/
- Ministerium des Innern des Landes Nordrhein-Westfalen Stand: Mai 2021: Sonderbericht zu Verschwörungsmythen und Corona-Leugnern, https://www.im.nrw/system/files/media/document/file/Sonderbericht_2021_Verschwoerungsmythen_und_Corona-Leugner.pdf (gelesen 5.9.2021)
- Couragierter Berliner mit Querdenkerdemonstranten, Video des Tagesspiegel (zuletzt gesehen 4.9.2021) https://www.tagesspiegel.de/berlin/diskussion-mit-einem-querdenker-du-hast-doch-denschuss-nicht-gehoert/27567328.html

3. Konflikt und Kooperation in der demokratischen Politik

Politik ist ein spezielles System in der Gesellschaft. Politik begegnet uns natürlich ständig, ist aber bei genauer Betrachtung durch hohe Komplexität und deutliche Unterschiede zum wirtschaftlichen System gekennzeichnet. Konflikthafte und kooperative Muster wechseln dabei ab.

3.1. Die Wettkampfsituation in der Politik

In der Politik liegt zunächst ein anderer Bezugsrahmen vor als in Privatbeziehungen. Der Bezugsrahmen ist die Sicht des eigenen Agierens, das der anderen und der Welt, die sich daraus ergeben soll bzw. tatsächlich ergibt. In der Transaktionsanalyse wird sehr stark die Ok-Ok-Beziehung als grundsätzlich gegenseitig wertschätzende Begegnungsform propagiert. Dies gilt aus meiner Sicht deutlich für Privatbeziehungen, aber auch als guter Orientierungsansatz für professionelle Beratungsbeziehungen, obwohl etwa im Wirtschaftskontext der Berater auch auf durchaus wenig wertschätzende Formen der Interaktion trifft. Es geht auch im System Politik eigentlich nicht primär um Wettkampf. In einer Demokratie hat die Politik das Oberziel der Aufrechterhaltung und Weiterentwicklung der Gesellschaft und der Lösung von Problemlagen. Es wird also auf einer Metaebene ein gemeinsamer Bezugsrahmen vorgegeben. So sind Abgeordnete eines jeden Parlamentes auf das Gemeinwesen verpflichtet. Regierungsvertreter werden noch einmal zusätzlich „zum Wohle des Volkes“ vereidigt und manchmal werden sogar mit „so wahr mir Gott helfe“ höhere Mächte angerufen. Man hat es also mit einem fast religiösen

Dienst zu tun. Dies hat sich mittlerweile in eine sehr viel säkularere Richtung entwickelt. Außerdem gibt es das gemeinsame Ziel zwar formal, es tritt aber in der praktischen Politik oft in den Hintergrund, weil die Auseinandersetzungsformen sehr heftig sein können.

Besonders bei Wahlen wird es offensichtlich: In der demokratischen Politik liegt eine spezifische Wettkampfsituation vor. Nicht unähnlich dem Sport treten verschiedenen Gruppen, die Parteien, gegeneinander an und versuchen von ihrer Leistung zu überzeugen. Sie haben dabei allerdings noch mit einem Dritten zu tun, einem Wähler, der sein Votum abgibt. Eine objektiv messbare Leistungsperformance - Zeit, Tore - gibt es nicht. Dafür existiert eine Jury, die Medien, die aber mehr die Haltungsnote als eine Leistungsperformance beurteilt. Die Haltungsnote vergleicht der Wähler mit seiner eigenen Haltung, entsprechend fällt das Votum aus. Dies hat zur Folge, dass Politiker mehr die Notwendigkeit der eigenen Profilierung und Abgrenzung von anderen sehen, als die viel gefragten Sachargumente vorzubringen. Doch Unterschiedsbildung kann ein Keim von Konflikten sein, wenn dafür keine Toleranz vorhanden ist. Der Bezugsrahmen und die Systemmerkmale von Politik haben ihre Eigenheit.

3.2. Wer wird Politiker?

Zum Wettkampf gehören auch die Wettkämpfer. Dazu sollte man die Frage stellen: Was motiviert Politiker eigentlich für ihr Tun? Die Motivationstheorie von McClelland eignet sich sehr gut für die Einordnung von Politikern. Hier werden die Motivationsfaktoren Kontakt, Leistung und Macht unterschieden (McClelland, 1961). Der Kontaktmotivierte ist gerne mit

Menschen zusammen. Ihm ist das gute Auskommen mit anderen wichtig. Der Leistungsmotivierte ist an Zahlen oder auch dem Weiterkommen interessiert. Entsprechend entwickeln alle drei Typen auch einen sehr unterschiedlichen Bezugsrahmen. Bei den Leistungsorientierten könnte man nochmals die rein Zahlenorientierten und die sportlich Denkenden unterscheiden.

Bezugsrahmen von „Zahlenmenschen"

- Fokussiert auf Zahlen
- „Was sich nicht in Zahlen messen lässt, existiert nicht."
- „Was man nicht zählen kann, kann man auch nicht managen."
- Verbindungen zwischen Zahlen, die man durch Analyse gewinnt, sind interessant
- Korrelative Zusammenhänge sind auch kausal
- Sich mit den Beziehungen zwischen Menschen zu beschäftigen, ist nutzlos.
- Menschen, die nicht zahlenorientiert sind, haben im Management nichts verloren.
- Häufige Berufsfelder: Controlling, Revision

Bezugsrahmen der „Sportlich Denkenden"

- Ziele, die über das bisher Erreichte hinausgehen sind wichtig und motivieren
- „Es muss voran gehen"
- „Wer kein Ziel hat, driftet planlos durchs Leben."
- Es muss mehr sein und weiter gehen
- Wettbewerb ist gut, auch interner. „Wettbewerb belebt das Geschäft".

- Beziehungsorientierte Themen halten bei der Zielerfüllung nur auf.
- Häufige Berufsfelder: Vertrieb, Topmanagement

Im Vergleich zu Managern in Unternehmen werden Spitzenpolitiker finanziell relativ schlecht entlohnt. Warum tun sie sich diese hochfordernden Jobs trotzdem an? Es muss also eine andere Gratifikation geben. Politikern wird auch eine hohe narzisstische Komponente nachgesagt. Das Selbstdarstellen oder auch „andere nach der eigenen Pfeife tanzen lassen" scheint für viele wichtiger zu sein als etwa bestimmte Leistungsergebnisse zu erzielen oder mit Menschen gut in Kontakt zu kommen.

Bei Politikern ist sicher stärker die Macht als Motiv zu erkennen als bei anderen Berufsgruppen. Personen mit Machtmotiv haben eine starke Wettkampforientierung. Das Kulturmerkmal des Wettbewerbes und Wettkampfes hat deshalb auch große Ausstrahlung in das Interne von politischen Organisationen wie Parteien. "Wer solche Freunde hat, braucht keine Feinde" hört man in Parteien oft. Politiker zeigen aber oft auch hohe Flexibilität, hohe Kompetenz im Umgang mit Informationsflut und komplexen, schlecht definierten Systemen. Ihre Resilienz gegenüber auch persönlichen Anfeindungen ist oft zwangsweise gut trainiert.

3.3. Systemdynamik des politischen Systems

Das Systemdynamikmodell (Mohr, 2006) betrachtet zehn Dynamiken, mit denen man ein System beschreiben kann. Es sind die Dynamiken der Aufmerksamkeit, der Rollen, der Beziehungen, der Kommunikation, der Problemlösung, des

Erfolges, der Gleichgewichte, der Rekursivität, der äußeren und der inneren Pulsation. Mit Rekursivität sind die Ähnlichkeiten innerhalb des Systems gemeint. Wie stark ähneln oder unterscheiden sich einzelne Bereiche des Systems bezüglich der Prinzipien, die jeweils gelten? Mit äußerer und innerer Pulsation wird die Dynamik an äußeren Grenzlinien eines Systems beziehungsweise zwischen einzelnen Subsystemen innerhalb der Organisation bezeichnet. Für dieses Modell liegen kurze qualitative Fragen, aber auch ein quantifizierender Fragebogen vor.

Politische Organisationen oder vielleicht sogar das ganze politische System lassen sich mit den Systemdynamiken analysieren und deren Problematik besser, weil handlungsorientiert beschreiben. Einzelne politische Parteien wären zum Beispiel ein lohnendes Betrachtungsobjekt. Da sich Parteien wegen Wahlniederlagen auch immer wieder in Krisen befinden, brauchen sie relativ häufig Organisationsentwicklung. Stimmt ihr Aufmerksamkeitsfokus noch? Die Dynamik der Aufmerksamkeit erfasst, womit sich die Mitglieder eines Systems tatsächlich befassen. Für eine politische Partei könnte dies sehr viel Verschiedenes bedeuten: Man kann sich tatsächlich für das Umsetzen bestimmter politischer Ideen oder das Lösen von Problemen einsetzen. Es können aber auch die persönlichen Karrieren einzelner Politiker wesentlich im Vordergrund stehen. Wenn eine Partei zu sehr mit inneren Themen der eigenen Aufstellung befasst ist, wird das von ihrem Markt, den Wählern, meist nicht gutgeheißen. Auch die Dynamik der Rollen ist eine interessante Betrachtungsebene. So wird heute bei politischen Parteien gerne das Modell der Doppelspitze gewählt, in dem meist ein Mann und eine Frau in der gemeinsamen Führungsrolle sind.

Nach oben kommt in einer Partei in der Regel nur wer die Ochsentour von der Jugendorganisation über die Kommunalpolitik bis in die Landespolitik gegangen ist. Ein Quereinstieg, etwa wenn sich jemand nur für Europapolitik interessiert, direkt in die europäische Partei, ist undenkbar. Die dritte Dynamik, die Beziehungen, bezieht sich auf das interne Umgehen innerhalb der Partei und auch die Beziehungsgestaltung zu anderen „Stakeholdern" wie den Wählern, anderen Parteien und Organisationen.

Glaubwürdigkeit und Vertrauen sind wichtige Kriterien der Beurteilung von Politiker. So werden Verfehlungen in anderen öffentlichen Bereichen, etwa im wissenschaftlichen Arbeiten bei einer Doktorarbeit als sehr gravierend angesehen, während Untreue oder Ehescheidungen (mittlerweile) als nicht relevante Privatsache behandelt werden und allenfalls für den Boulevard interessant sind, obwohl beides Rückschlüsse auf Glaubwürdigkeit, Vertrauen und Zuverlässigkeit zulassen kann. Eine Verfehlung im Privatbeziehungsleben zieht selten eine Rücktrittsforderungen nach sich.

Oft werden auch innere Beziehungen über die Öffentlichkeit und den Wähler vermittelt gelebt. Ein Beispiel ist eine kritisch zu interpretierende Äußerungen über Parteimitglieder. Dies wird oft nicht direkt ausgedrückt, sondern indirekt, beispielsweise wenn eine Verjüngung oder eine Erneuerung der Partei gefordert wird, was implizit eine Kritik an der bisherigen Führung darstellt. Damit sind wir schon bei den Kommunikationsdynamiken angekommen, dem ersten von drei Prozessen, die man in jedem System findet. Kommunikation bezieht sich zunächst auf die Regelkommunikation in einem System. Was findet regelmäßig und weitgehend standardisiert statt? Dazu zählen Parteitage, mittlerweile auch Mitgliederbefragungen. Parteien sind hier noch sehr traditionell und auch hierarchisch aufgestellt. Parteitage setzen sich aus Delegierten zusammen. Sehr viel wird über Vertreter abgewickelt. Insgesamt ist Kommunikation etwas sehr Entscheidendes in der Politik, da Überzeugungsarbeit eine große Rolle spielt. Ein Großteil des verkauften Produktes einer Partei ist Kommunikation.

Der zweite große Prozess, der in jedem System stattfindet, ist der der Problemlösung. Was wird überhaupt als Problem identifiziert und wie werden Probleme angegangen? Interne Probleme können beispielsweise Flügelkämpfe sein. Aber auch Wahlniederlagen fallen in diese Rubrik. Die Standardantwort bei Problemen scheint in der Politik das Auswechseln von Rollenträgern zu sein. Der in der Sozialpsychologie bekannte fundamentale Attributionsfehler, nachdem einzelne Personen mit höherer Wahrscheinlichkeit als Ursache für etwas angenommen werden als beispielsweise Systeme, Prozesse oder andere Faktoren, wird in der Politik gnadenlos angewendet. Zur Problemlösung gehören auch Entscheidungen. Entscheidungsprozesse zu Positionierungen bei politischen Fragen werden zum Teil durch die grundsätzliche Ausrichtung einer Partei, aber auch durch den aktuellen Zeitgeist bestimmt. So haben SPD-geführte Regierungen sehr stark neoliberale Wirtschaftselemente (Hartz IV, Abgeltungssteuer, Riesterrente, …) eingeführt, wohingegen der große Atomausstieg unter einer CDU-Regierung stattfand. Auch der Mindestlohn, ein eher politisch von den linken Parteien vertretenes Konzept, wurde zwar federführend durch die SPD, aber in einer von der CDU geführten Regierung verwirklicht.

Die sechste Dimension ist die Dynamik des Erfolges: Was ist Erfolg, wie wird er definiert und wie geht man damit um? Das Gleiche trifft natürlich auch für Misserfolg zu. Wahlerfolge oder Niederlagen fallen hier als erstes ins Auge. Ähnlich wie bei Problemen wird hier sehr schnell die persönliche Ursachenzuschreibung genutzt. Die Landtagswahl ging verloren, weil der Bund nicht performt, oder umgekehrt.

Die siebte Dimension ist die der Gleichgewichte. Befindet sich ein System im Gleichgewicht und wo werden Gleichgewichte gesehen. Bei politischen Parteien ist nicht selten eine Heroisierung der Vergangenheit das Gleichgewicht. Es gab große Zeiten. Für junge, noch aufstrebende Parteien liegt das Gleichgewicht in der Zukunft. Politische Parteien sind selten wirklich im Gleichgewicht, da sie ständig auch im Prozess eines inneren Elitenwechsels begriffen sind. Neue Leute streben auf, wollen politische Karriere machen, die Etablierten wollen ihre Plätze aber so schnell nicht freigeben.

Die achte Dynamik heißt Rekursivität. Sie sagt etwas über die Ähnlichkeit der Prinzipien im Gesamtsystem aus. Dies ist bei politischen Parteien oft von Landesverband zu Landesverband sehr unterschiedlich. Organisationen gelten dann als erfolgversprechend, wenn die Prinzipien durchgehend sind, egal ob sie mehr oder weniger Basisdemokratie enthalten. Zu groß dürfen die Unterschiede nicht sein, sonst drohen Parteien auseinander zu brechen oder wichtige Rollenträger an andere zu verlieren. Dies war etwa beim Weggang von Oskar Lafontaine von der SPD zur Linken der Fall.

Die äußere Pulsation beschreibt das Verhalten der Systeme an ihren äußeren Grenzen, bei politischen Parteien würde man von den Rändern sprechen. So hat jede Partei immer wieder Leute, die von den Inhalten her am Rande eines politischen Lagers stehen, die dann mit Ausschlussverfahren bedroht werden oder zumindest beim nächsten Wahlgang keinen aussichtsreichen Listenplatz mehr bekommen.

Die innere Pulsation bezieht sich auf den Umgang von Subsystemen innerhalb eines Systems miteinander. Die schon erwähnten Flügelkämpfe sind hier ein Beispiel. Aber auch die Frage, wie bestimmte soziologische Gruppen innerhalb der Partei mit Mandaten versorgt werden, fällt hier hinein. Gender-Quoten müssen beachtet werden, aber auch die Gleichverteilung von Landes-Repräsentanten sind Beispiele dafür.

Es wird in der Frage der gemeinsamen Ausrichtung auf das Gemeinwesen dennoch dann oft irgendwie ein Konsens gespürt, gerade wenn extreme politische Akteure oder Parteien hier störend auftreten. Diese erscheinen aber turnusgemäß immer wieder und scheinen auch eine Systemdynamik des politischen Systems zu sein. Eher linke politische Gruppierungen, wie Kommunisten, Grüne, Linke, galten zu Beginn ihres Wirkens immer als nicht kooperations- und koalitionsgeeignet, was sich aber mit der Zeit geändert hat. Bei rechten Gruppierungen, wie NPD, DVU, Republikaner, war man bisher mit Verweis auf deren Nähe zu nationalsozialistischem Gedankengut nie zu Koalitionen bereit. Es wird sich zeigen, was in dieser Hinsicht mit der AFD passiert. Insgesamt kann man mit dem Modell der Systemdynamiken den aktuellen Zustand einer Partei gut erfassen.

3.4. Komplexität des politischen Systems

In der Praxis ist das demokratisch-politische System ein sehr komplexes, mit oft wenig prognostizierbarem Ergebnis. Aus meiner eigenen politischen Erfahrung in einem Regionalparlament kann ich berichten, dass dies oft sehr herausfordernd sein kann. Auch hier geht es wieder um Macht. Wer an der Macht ist - etwa in eine Kommunalparlament - kann die anderen überstimmen. Es werden Anträge vor allem deshalb abgelehnt, weil sie von der Opposition kommen, auch wenn sie objektiv betrachtet sachlich sinnvoll sein könnten. Man gönnt dem anderen einfach nichts. Auch bei einer Debatte im Bundestag sieht man dies bestätigt: Geklatscht wird nur bei den Redebeiträgen der eigenen Parteivertreter. Durch diese Prozedere werden vermutlich einige Menschen von einem praktisch-politischen Engagement zurückgehalten. Auch dies ist ein Teil der Politikverdrossenheit in unserer Gesellschaft, von der viel die Rede ist.

Die Komplexität der Politik versucht man in demokratischen Systemen mit Strategien zu lösen. Heute ist die strategische Orientierung der meisten größeren politischen Gruppen auf den Medianwähler, den mittleren Wähler, den 50 Prozent plus ersten Wähler gerichtet (Downs, 1957). Wenn man ihn mit seinem Angebot erreicht, bringt dieser eine entsprechend große Wählerschar mit sich. Die Parteiprogramme der größeren Parteien gleichen sich deshalb auch weitgehend an.

Der Wettkampf bei Wahlen verschiebt sich dadurch möglicherweise von Inhalten weg zu den Formen hin oder zu anderen Gebieten etwa der Persönlichkeit der Politiker. An dieser Stelle gibt es psychologisch immer noch interessante Phänomene, die man psychodynamisch als Übertragung deuten könnte. Aber was wird übertragen? Übertragen wird erst einmal generell das „Unbehagen in der Kultur", das Freud schon beschrieb und dass trotz Wohlstands viele Menschen auch in den reichen Ländern der Welt heute noch umtreibt. Im Gegenteil, nach allem was wir heute wissen, macht ein unbegrenzter Wohlstand nicht wirklich glücklicher. Die Zufriedenheit, ein sorgloses Leben führen zu können, wirkt bis zu einer bestimmten Schwelle des Einkommen oder Besitzes und danach wird es nicht besser. So leben viele Menschen in einem im Vergleich zu früheren Generationen hohen Wohlstand und einem guten Gesundheitssystem permanent missmutig. Übertragen werden außerdem persönliche Symbiosewünsche an die Politik. Die Symbiose ist in der Transaktionsanalyse eine problematische Form der Beziehungsgestaltung. Man hat sich so eingerichtet, als wenn andere die Verantwortung hätten, etwas für mich zu tun, und zwar in Bereichen, wo ich eigentlich selbst verantwortlich bin. In diesem Sinne wird von der Politik sehr viel erwartet. Sie wird als Dienstleistungsagentur angesehen und der eigene Beitrag für die Gestaltung des Gemeinwesens begrenzt sich bei vielen auf das Abgeben der Stimme, was hier im doppelten Sinne mit ungeheuer hohen Erwartungen an die Politiker verbunden ist.

3.5. Kooperatives arbeiten? - Fehlanzeige

Viele Menschen scheinen immer noch nach eindeutigen, oft starken Führern oder Führerinnen zu suchen. Einer muss für sie vorne an der Spitze stehen, obwohl eigentlich klar ist, dass Entscheidungen meistens in Teams und nach längeren Beratungen vieler Beteiligter – im günstigen Fall sogar von Fachexperten – zu Stande kommen. Neue Führungsmodelle werden in der Politik ausprobiert. Die in der letzten Zeit populären Doppelspitzen sind schon ein großer Entwicklungsschritt, den aber auch noch nicht alle Parteien vollzogen haben. Eigentlich müsste man ein Team aus vielen Leuten präsentieren. Denn so werden Entscheidungen sinnvoll getroffen. Nur in absoluten Krisen und bei äußerstem Zeitdruck empfiehlt der situative Führungsstil (z.B. Vroom und Yetton, 1973) eine Einzelentscheidung. In der Transaktionsanalyse hatte Berne 1963 im Buch „Struktur und Dynamik von Organisationen und Gruppen“ verschiedene Führungsrollen beschrieben: Die exekutive Führung, die Person, die tatsächlich „in Charge“ ist, die psychologische Führung, also die Person, die auf der persönlichen Ebene von den Mitarbeitern angesprochen wird, oder auch den ursprünglichen Gründer einer Organisation (der „Euhemerus“), dessen Geist immer noch irgendwo schwebt. Spannend ist ein weiterer Typ, nämlich der, der die Organisation in der heutigen Form und Strategie entscheidend geprägt hat. Dieser kann ein oder zwei Führungsgenerationen zurück liegen. Auf dem Hintergrund dieses Modells sind politische Organisationen oft sehr gut zu beschreiben bezüglich der Führungseinflüsse, die sie prägen.

3.6. Politisches Arbeiten läuft häufig über verdeckte Ebenen

Die Wettkampfnatur der Politik hat natürlich viele Folgen. Politik ist heute auch ein Karriereweg. Diese Karriere fördert man durch eine bestimmte Strategie. Das hat zur Folge, dass auch innerhalb politischer Gruppierungen wie Parteien ein Wettbewerb herrscht. Wer kommt nach oben? Politischer Wettkampf besteht aus Vielem: Debatten, Wahlkampf, ständige Beobachtung des politischen Gegners in Bezug auf Schwachstellen oder Ungereimtheiten. Die politischen Wettkampfformen zeichnen sich weniger durch Offenheit als durch verdeckte, zirkuläre oder subtile Aktionen aus. Doppelbödige Kommunikation (Schmid, 2003) und sogenannte psychologische Spiele (Berne, 1964; Karpman, 1968; English, 1976) stellen hier interessante Analyseinstrumente dar. Auch Abwertungen im Sinne von Missachtungen anderer Menschen, das berühmte „Unter-die-Gürtellinie-gehen", kommen nicht selten vor. Powerplays (Steiner, 1989) spielen eine wichtige Rolle in der Politik. Sie zielen darauf, eine andere Seite mit Macht zu dominieren. Ein wichtiger Mechanismus ist der Wechsel auf private und andere Lebensbereiche der Wettbewerber, etwa die Vertrauenswürdigkeit einer Person zu unterhöhlen. Die zahlreichen Initiativen gegenüber Politikern, ihnen ihre Doktorarbeit abzuerkennen, waren nur ein Beispiel davon. Ehescheidungen, die ja viel mehr Aussagen über die Verlässlichkeit und Beziehungsfähigkeit eines Menschen geben, gelten dagegen als Kavaliersdelikt. An dieser Stelle wird transaktionsanalytisch gesprochen eine interessante Fokussierung (Schmid) vorgenommen. Dies passt in das Konzept des Bezugsrahmens, der hier angelegt wird. Bestimmte Bereiche des Lebens werden gewertet, andere nicht so sehr. Überhaupt ist das Stichwort Framing, also einen bestimmten Bezugsrahmen aufstellen und zum Maßstab machen, in der Politik ein wichtiger Aspekt. Ob die Glaubwürdigkeit eines Politikers davon abhängt, wie er oder sie in der Doktorarbeit zitiert, bleibt fraglich. Viele Menschen haben Politiker gerne als absolut koschere Projektionsflächen. Und der politische Wettkampf erstreckt sich gerade aufgrund der Medianwählerproblematik oft auf außerpolitische persönliche Faktoren. Dies bedeutet eine stärkere politische Einordnung und erfüllt das Bedürfnis nach Struktur, das psychologisch als wichtig postuliert wird (Berne, 2005), kostet auf der anderen Seite allerdings Unabhängigkeit.

Innerparteilich Abweichler wie Sarrazin, Kemmerich, Palmer oder Maaßen zeigen diese Systemdynamik an. Die Beziehungsintensität mit anderen hängt vom praktischen Engagement ab.

3.7. Der Wettkampf

Im politischen Wettkampf ist die andere Partei als Gegner definiert. Sie verhindert, dass man selbst an bestimmte Ressourcen herankommt, etwa die Möglichkeit Regierungspolitik zu gestalten oder bestimmte Ämter einzunehmen, die einem in der Öffentlichkeit Status geben.

Zum Diskussionsstil der Politik gehört außerdem: In den meisten Themenbereichen gibt es in der Politik keine ergebnisoffenen Gespräche. Man hat schon eine Position oder zumindest eine Grundposition, mit der man sich selbst stabil fühlt und auf deren Grundlage dann agiert wird. Man wartet eher auf eine Gelegenheit, endlich ein Lieblingsthema durchzusetzen. Dies führt zu einer eingeschränkten Kreativität in den Lösungsprozessen. Andererseits braucht eine Partei auch ein großes fachliches Spektrum. Die gescheiterten Koalitionsverhandlungen nach der Bundestagswahl 2017 zwischen Union, Grünen und der FDP sollen Insidern zu Folge auch daran gescheitert sein, dass die FDP nach einigen Jahren Abwesenheit aus den Parlamenten keine ausreichenden Detailpositionen besaß, um sich bei Vorhaben sicher zu fühlen.

Wettkämpfe haben mit Siegern und Verlierern zu tun. Je nach Wahlrecht (Mehrheit, Verhältnis) gibt es unterschiedliche Ergebnisse. Gilt in angelsächsischen Ländern verbreiteten Mehrheitswahlrecht „The winner takes it all“, ist im

Verhältniswahlrecht die Abbildung möglichst vieler Beteiligter im Ergebnis angestrebt, so dass hier Koalitionsfähigkeit eine größere Rolle spielt.

Normalerweise findet der politische Wettkampf sehr stark auf der verbalen Ebene statt. Politiker gelten als Menschen, die gerne reden. Dialogische Kommunikation ist dabei aber eher selten. Man bezieht sich nicht aufeinander. Die langen Reden im Bundestag sind dazu ein Beispiel. Politische Kommunikation ist sehr stark Proklamation. Eine Ausnahme, die in der Regel hinter verschlossenen Türen stattfindet, ist das gemeinsame Feilen an Schriftstücken. Man sitzt mit verschiedenen wettkämpfenden oder kooperierenden Parteien über einem Papier und versucht das eigene Profil unterzubringen und gleichzeitig etwas Gemeinsames zu erzeugen.

Wettkämpfe im politischen Feld entsprechen im Vorgehen oft den Stufen der Konflikteskalation bei Friedrich Glasl. Er beschreibt die Stufen der Bewertung, Forderung, Androhung von Konsequenzen wie auch das Verbündete-Suchen. Mit der Konsequenzandrohung wird eine wichtige Stufe betreten, bei der man bei Nichtrealisierung leicht zum „Papiertiger“ wird. Eine solche Situation hatte sich Anfang der 90er Jahre ergeben und hatte den ersten Kriegseintritt Deutschlands in Europa nach dem 2. Weltkrieg zur Folge. Es gibt um den Entwurf eines Friedensvertrages zwischen der Bundesrepublik Jugoslawien und der politischen Führung der Kosovo-Albaner. Der Vertrag wurde von der NATO ausgearbeitet und nach dem Ort der Verhandlungen im Schloss Rambouillet bei Paris benannt. Bei den Verhandlungen stellte die Nato unter Führung der Amerikaner den Serben unter Slobodan Milošević ein

Ultimatum - sie sollten ihr Verhalten gegenüber dem Kosovo ändern, sonst …

Milosewic lehnte ab, was die Nato in die Verlegenheit brachte, ihre Drohung in die Tat umzusetzen, um nicht ihr Gesicht zu verlieren. Es folgte die Bombardierung Belgrads. Der böse Spruch von Carl von Clausewitz, „der Krieg ist eine bloße Fortsetzung der Politik mit anderen Mitteln" wurde im April 1999 bittere Realität.

3.8. Vergleich zwischen Unternehmen und Politik

Entscheidungsabläufe in der Politik sind oft weit weniger geregelt als etwa in Unternehmen. Das Instrument der Mehrheitsabstimmung wird gerne genützt, weil man damit auch in der parlamentarischen Entscheidungsfindung vertraut ist. In Unternehmen ist man schon eher an Konsens (Einstimmigkeit) oder zumindest am „Konsent" interessiert. Konsent meint dabei nicht Begeisterung für ein Vorgehen, sondern eine für alle zumindest tolerierbare Variante, was Handlungsfähigkeit und Weiterentwicklung ermöglicht. In der Politik werden in Abwesenheit von Konsententscheidungen beispielsweise oft Themen unendlich lange in der Schwebe gehalten.

Werte wie Offenheit oder etwas Gemeinsames herzustellen werden in Unternehmen fast immer proklamiert. Heute versucht man in vielen Fällen - gerade in der aktuellen New-Work-Bewegung - dies auch zu leben. In der Politik ist Offenheit oft nicht mit den strategischen Zielen oder der Hidden Agenda aus Inhalten und persönlichen Karrierestrebungen vereinbar. Verdeckte und taktische Wettkampfformen werden häufig als erfolgsversprechender angesehen.

Zwischen Unternehmen und politischen Systemen gibt es sehr viele Unterschiede. So sind in politischen Systemen die Verantwortungsbereiche zwischen einzelnen Systemmitgliedern nur sehr grob abgegrenzt. Organisationsrollen wie Führungsrollen in Partei und Fraktion sind schon klarer. Funktionale Rollenfokussierungen aber sind in Unternehmen sehr viel klarer. Ministerwechsel von einem Amt in das andere zeigen, dass Fachkompetenz nicht das zentrale Merkmal sein muss. Führungsthemen sind in politischen Gruppierungen dennoch schwierig, denn – im Unterschied zur Wirtschaft – geht es dabei nicht nur um die Personen und den Führungsstil, sondern auch um die als Produkte vertretenen Inhalte, die Wertvorstellungen. Persönliche Themen (Konflikte, Art des Auftretens oder der Zusammenarbeit) lassen sich in der Politik nur schwer bearbeiten, da man sehr schnell auf inhaltliche Themen kommt, die als Beispiel angeführt werden und dann ausgiebig wieder besprochen werden, rein auf der inhaltlichen Ebene.

3.9. Rahmung des Wettkampfes

Die Medien stehen als vierte Kraft an der Seite und achten einerseits auf die politische Korrektheit des Vorgehens und warten andererseits auf spektakuläre Skandale. Auch das Rechtssystem steht immer flankierend an der Seite der Politik. Viele politische Entscheidungen der jeweiligen Regierung werden von der Opposition rechtlich angefochten und finden so eine Fortsetzung in einem anderen System.

Aber auch innerhalb der Politik entsteht durch die häufige Notwendigkeit einer Koalition die Situation, dass man den Wettkampf immer wieder durch die Zusammenarbeit ergänzen muss. Wie im Sport gibt es Kooperation, aber eher zeitweilig und zwangsweise. Beispielsweise zwei Läufer beim Marathon oder Radrennfahrer, die sich für eine bestimmte Strecke gegenseitig unterstützen, etwa durch Windschatten-Geben. Das bedeutet, den, den ich bisher intensiv bekämpft habe, muss ich heute als Kooperationspartner akzeptieren, um ihn danach wieder intensiv als Gegner zu konfrontieren und ihn demnächst womöglich wieder zu brauchen. Diese Realität bremst Konflikteskalation. Es führt auch dazu, dass viele vehement vorgetragene Positionen eigentlich nicht auf einer starken inneren Identifikation beruhen.

3.10. Besonderheiten der Kommunalpolitik

Die meisten praktischen Politiker sind Kommunalpolitiker. Ich will hier kurz etwas aus meiner eigenen Erfahrung schreiben. Ein Kommunalparlament etwa ein Kreis- oder ein Stadtparlament ist dabei im strengen Sinne kein Parlament, da erst ab Landesebene Gesetzgebungskraft gegeben ist. Kommunalparlamente sind zumindest in Hessen Teil der Verwaltung (z.B. § 50 Hessische Gemeindeordnung HGO). Die Länder können ihnen gewichtige Kompetenzen übertragen, z.B. die Festsetzung des Gewerbesteuersatzes oder die Erhebung von Anliegerbeiträge beim Straßenbau, Kommunalparlamente stellen aber im Prinzip eine Art Aufsichtsrat der Verwaltung dar. Als Kommunalpolitiker hat man es mit den typischen vielfältigen kommunalpolitischen Fragestellungen von der Straßenbeleuchtung über Zebrastreifen, den Waldverbiss durch Rehe bis zur Diversitätsstrategie zu tun. Allerdings ist ein Thema dominant: das Bauen. In gefühlt zwei Dritteln aller Entscheidungen geht es heute um Bauvorhaben. Daran sind in der Regel gewichtige Interessengruppen rund um die Bauwirtschaft beteiligt. Ein weit überwiegender Teil aller

Initiativen auf den politischen Ebenen kommt von der regionalen Regierung, die ihren Verwaltungsapparat hat, nicht von den Kommunalparlamentariern. Häufig wird von Regierungsseite ganz bewusst eine Vorlage nur wenige Stunden vor einer Abstimmung rausgegeben, um Diskussionen zu vermeiden.

Aufgrund des mehrschichtigen föderalistischen Systems bekommen Regionalpolitiker häufig Reaktionen von Bürgern zu spüren, die vielleicht eigentlich an die Politik des Landes oder des Bundes gerichtet ist. Dies wird manchmal als belastend erlebt und schränkt die Wirkungsmöglichkeiten ein, vor allem, wenn dann auch noch Informationen fehlen. Denn sie dürfen sie ihrer Regierung nicht in den Rücken fallen. So kann es auch zum parteiinternen Wettkampf zwischen einzelnen Ebenen der eigenen Partei kommen. Beispiele sind Überlandleitungen für erneuerbare Energie oder Windkraftanlagen, die von Berlin aus anders gesehen werden als im dem kleinen Ort, der unter der Trasse liegt. Auseinandersetzungen zwischen Parteiebenen sollten allerdings nicht so gerne publik werden, weil sie dem gewünschten einheitlichen Image einer Partei schaden könnten.

3.11. Politikberatung

Was würde sich in der Politikberatung empfehlen? Die Fokussierung des Rollenthemas ist zentral wichtig. Rollenkompetenz in Organisationsrollen (z.B. Führung) ist zu trainieren. Die Unterscheidung zwischen inhaltlichen und persönlichen Konflikten wäre ein interessantes Ziel. Ebenso wären dialogische Arbeits- und Kommunikationsformen mit Würdigung der Beiträge des anderen und wirklichem Bezug aufeinander zu üben. Auch eine Form der Desidentifikation von Themen ist oft sinnvoll, um sich nicht zu verbeißen. Methodisch sind Rollensimulationen, Perspektivwechsel und das gesamte Spektrum der systemischen Interventionen interessant, da Politiker aufgrund ihrer komplexen Systemanforderungen eine hohe Flexibilität erwerben müssen.

3.12. Resümee

Insgesamt zeigt sich damit das Politikfeld als ein sehr vielfältiger Wettkampfort. Dies erhöht seine ohnehin schon vorhandene Komplexität noch einmal. Auf der anderen Seite bietet politische Praxis ein Feld zum Einüben vieler Kompetenzen wie Flexibilität, Frustrationstoleranz, Resilienz, Konfliktfähigkeit, Kooperationsfähigkeit. Leider sind dies Anforderungen, die viele Menschen aus ihrer Komfortzone herausholen. Die Folge davon besteht zum Teil in einem Sinken des Engagements in den demokratischen Beteiligungs- und Entscheidungsprozessen. Hier wäre entsprechende Öffentlichkeitsarbeit, aber auch Pädagogik sinnvoll.

Tiefer forschen und weiterdenken

Berne, E. (1963): Structure and Dynamics of Organizations and Groups. New York: Balantine.

Berne, E. (1964): Games people play, New York: Growe Press.

Berne, E. (2005); Prinzipien der Gruppenbehandlung, Paderborn: Junfermann.

Down, A. (1957): An Economic Theory of Democracy. New York (deutsch: Ökonomische Theorie der Demokratie. Tübingen: 1968)

English, F.: (1976): Racketeering, Transactional Analysis Journal, 6 (1), 76-81

Karpman, S. (1968): Fairy tales and script drama analysis. Transactional Analysis Bulletin, 7(26), 39-43.

McClelland, D. (1961): The achieving society. Princeton: Van Nostrand 1961

Mohr, G. (2010): Workbook Coaching und Organisationsentwicklung, Bergisch-Gladbach: Edition Humanistische Psychologie.

Mohr, G. (2015): Systemische Wirtschaftsanalyse - Die Psycho-Logik der Wirtschaft: Mensch und Ökonomie in Einklang bringen. Bergisch-Gladbach: Edition Humanistische Psychologie.

Glasl, F. (1980): Konfliktmanagement. Diagnose und Behandlung von Konflikten in Organisationen. Bern, Stuttgart.

Schmid, B. (2003): Systemische Professionalität und Transaktionsanalyse, Bergisch-Gladbach: Edition Humanistische Psychologie.

Steiner, C. (1998): Macht ohne Ausbeutung, 4. Aufl., Paderborn: Junfermann.

Vroom, V.H. und Yetton, P. W. (1973). Führung und Entscheidungsfindung. Pittsburgh: University of Pittsburgh Press.

4. Politik wirkt auf Unternehmen und Gesellschaft

Während es in den bisherigen Kapiteln um die verschiedenen Politikfelder und die Möglichkeit der Betrachtung mit Transaktionsanalyse ging, soll nun mit einem Perspektivwechsel der Einfluss von Politik auf Unternehmen im Fokus stehen. An den beiden gewählten Beispielen Genderquote und Umgang mit Corona lassen sich wiederum Auswirkungen auf die Gesellschaft und die Politik deutlich machen. So wird klar, dass unsere Gesellschaft ein System ist, das sich mit der systemischen Perspektive der Transaktionsanalyse erklären und verstehen lässt.

Dieser Aufsatz ist in einer etwas anderen Form bereits in der Zeitschrift für Transaktionsanalyse (ZTA) und im Transactional Analysis Journal erschienen und ich danke für die Erlaubnis zur Verwendung.

4.1. Organisationsentwicklung durch Geschlechterquote

Der folgende Abschnitt betrachtet einen Organisationsentwicklungsprozess, der nicht von innen heraus aus dem Unternehmen oder vom Markt, sondern durch eine bewusste gesellschaftspolitische Entscheidung angestoßen wurde. Diese interessante Entwicklung kann man am Beispiel des Gesetzes zur Geschlechterquote in Aufsichtsräten betrachten.

Schon Eric Berne hat in seinem Buch „Struktur und Dynamik von Organisationen und Gruppen“ interessante Veränderung an einer „inneren Grenzlinie“ (Berne, 1963), bezüglich des

Topmanagements einer Firma, beobachtet. In meinem Ansatz der Systemdynamiken hatte ich dies mit „innere Pulsation" beschrieben, die das Gewicht und die Veränderung einzelner Beteiligtengruppen in Unternehmen zueinander ausdrückt (Mohr, 2006; 2020). Die Wirtschafts- und Gesellschaftspolitik kann durch Eingriffe in die Verfassung von Unternehmen entscheidenden Einfluss nehmen. Dies macht auch deutlich, dass es nicht „den" Kapitalismus gibt, sondern durchaus sehr unterschiedlich verfasste Modelle.

Die bisherigen Erfahrungen mit der Geschlechterquote in Aufsichtsräten sind so, dass sie den Anteil der Frauen in diesem Führungsgremium erheblich erhöht hat. Damit werden auch neuere Untersuchungen zum Einfluss von Diversität in Führungsteams, insbesondere einem höheren Frauenanteil, auf die Leistungsfähigkeit und die Unternehmensresultate im Zusammenhang interessant. Die Grundideen stammen aus zwei früheren Aufsätzen (Mohr, 2016; 2019).

4.2. Ausgangslage

Aus gesellschaftspolitischen Gründen vollzogene Einflussnahmen auf die Unternehmensverfassung sind nicht neu. Die Mitbestimmung der Arbeitnehmer, die seit 1951 in deutschen Unternehmen in unterschiedlichen Schritten entwickelt wurde, stellte einen solchen Schritt dar. Über die Förderung von Frauen im Management von Unternehmen wurde viele Jahre diskutiert. Nachdem für die Wirtschaft eine Regelung per Quote lange Zeit auf erbitterten Widerstand stieß und man „freiwillige" Lösungen proklamierte, wurde die Forderung nach Beteiligung der Frauen in den Führungsgremien der Unternehmen immer lauter. Frauen in der Führungsspitze der deutschen Wirtschaft seien gut für das Geschäft, denn gemischte Teams seien erfolgreicher, erklärt Ministerin Franziska Giffey (Handelsblatt, 13.9.2018). Auf die Richtigkeit ihrer Behauptung deutet einiges hin. Dennoch wäre es interessant zu untersuchen, ob sich diese Behauptung mit Zahlen zum Erfolg eines Unternehmens operationalisieren lassen. Eine Literaturrecherche und eigene Studie von vor wenigen Jahren zeigt die Schwierigkeit, die Notwendigkeit von gendermäßig ausbalancierten Führungsgremien mit ökonomischen Kriterien zu begründen.

In der Literatur ist die Einschätzung der Führungsqualität von Frauen sehr unterschiedlich. Eine Studie zeigte bezüglich der Fähigkeit von Frauen in Managementdimensionen bei Männern und Frauen eine höhere Einschätzung in fast allen Komponenten (Zenger und Folkman, 2019). Die Ergebnisse zu den Unternehmensresultaten und den Auswirkungen sind allerdings nicht eindeutig. In einer Studie in deutschen Unternehmen äußern sich Lindstädt, Wolff, and Fehre (2011) kritisch: „Glaubt man der Tagespresse, so ist eine durchgehende und übergreifende, positive Wirkung des Frauenanteils in Spitzengremien der Unternehmen bereits seit Langem nachgewiesen. Immer wieder werden zwei Studien zitiert, um diesen Effekt zu belegen: die Untersuchung ‚Women Matter' von McKinsey Frankreich (2007) und die Studie der amerikanischen Unternehmensberatung Catalyst (2004)." (S. 6) Lindstädt et al. (2011) sind hier skeptisch, sie fanden keinen Zusammenhang zwischen weiblicher Vorstandsmitgliedschaft und Börsenwerten. Eine sehr breite weltweite Untersuchung von Nolland und Kollegen (2016) in 21.980 Firmen in 91 Ländern stellt immer noch einen großen Mangel an Frauen in Führungspositionen fest. Sie sprechen von mangelnder

„gender balance", also Geschlechtergleichgewicht. In ihrer Untersuchung fanden sie zwar eine Korrelation zwischen Frauenanteil und Erträgen. Allerdings gab es keinen signifikanten Zusammenhang bei profitablen Firmen oder auch einen Einfluss auf die Rentabilität. Sie vermuten dennoch, dass ein Effekt aus dem Abbau von Diskriminierung und den hinzukommenden Fähigkeiten vorliegt. Auch sehen sie die Steigerung des Qualifikationsniveau und mehr Hochschulabschlüsse von Frauen vor allem in Mathe- und MINT-Fächern, sodass auch für technisch orientierte Konzerne eine größeres Führungskräftepotenzial zur Verfügung steht. In älteren Studien bei US-Firmen hatten Erhardt, Werbel und Shrader (2003) sowie Carter et al. (2007) gefunden, dass eine größere Balance der Geschlechter zu höheren Aktienwerten und größerer Profitabilität der Unternehmen führt. Erhardt, Werbel und Shrader (2003) hatten Performance Daten von 1993 und 1998 und den Prozentsatz von Frauen und von Minderheiten in Vorständen von 127 großen Firmen untersucht. Korrelations- und Regressionsanalysen deuteten auf einen positiven Zusammenhang zwischen Diversivität und den finanziellen Indikatoren hin. Studien von Unternehmensberatungsfirmen wie McKinsey (2007, 2018) und Catalyst (2011) fanden einen positiven Einfluss auf Daten, die Auskunft über die Unternehmensleistung geben. Untersuchungen bei US-Firmen fanden, dass geschlechtlich gemischte Boards rein männlich besetzte Boards in der Leistung übertreffen (McKinsey 2007) und dass die Fortune-500-Firmen mit dem höchsten Anteil an Frauen im Board signifikant bessere Ergebnisse zeigen als Firmen mit niedriger Proportion (Catalyst 2011). O'Reilly and Main (2008) fanden allerdings keinen Beleg, dass das Hinzufügen von Frauen in Boards die Unternehmensleistung erhöht. Sie schließen daraus, dass eher normative als

Profitgründe dafürsprechen. Und normative Gründe (Aufhebung von Diskriminierung, Nutzung des Frauenpotenzials) können als soziologische Erfolgsparameter gelten .Matsa and Miller (2013) hingegen fanden heraus, dass Unternehmen mit Frauen in Vorstände kurzfristige Gewinneinbußen hinnehmen mussten, weil die Reduktion der Arbeitskräfte etwa in Krisensituationen geringer ausfiel als in Unternehmen mit reinen Männerboards. Es liegen also verschiedene Hypothesen nahe:

4.3. Freiwillige Selbstverpflichtungen und Ergebnisse

Eine Studie im Jahr 2015 untersuchte den Frauenanteil in deutschen Aufsichtsräten bezüglich der Umsatzrentabilität oder des Mitarbeiterzuwachses (Mohr, 2015). Diese Studie konnte sich die damals noch sehr unterschiedlichen Zahlen von Frauen in Aufsichtsräten zu Nutze machen. Verglichen wurden die 30 DAX-Firmen bezüglich ihres Frauenanteils im Aufsichtsrat und den Leistungsergebnissen der Unternehmen in Form der Umsatzrentabilität, also dem Anteil des Gewinns am Umsatz, und der Zahl der geschaffenen Arbeitsplätze in einem Jahr. Für den Anteil von Frauen in Führungsgremien wurde der Women-on-Board-Index (WoB-I) benutzt, der Frauen sowohl in Aufsichtsräten als auch Vorständen erfasst. Außerdem wurden auch noch einmal getrennte Daten für die Aufsichtsräte und die Vorstände verwendet. Interessant ist die Veränderung des WoB-I zwischen 2011 und 2014. Die hier verwendeten Daten entstammen dem Bericht des Bundesministerium für Familie vom September 2014. Als betriebswirtschaftliches Leistungskriterium ließen sich der Umsatz oder der Gewinn allgemein natürlich nicht nehmen, weil darin die Größen der Unternehmen sehr stark repräsentiert sind. Als

Leistungsdatum wurde deshalb die Umsatzrendite gewählt, die den aus einem Euro Umsatz verbleibenden Gewinnanteil angibt. Die Daten zur Umsatzrendite entstammen der Statista-Auflistung für das Jahr 2013.

Die Mitarbeiterzahlen sind in den Geschäftsberichten der Unternehmen enthalten. Die hier gewählten entstammen einer Zusammenstellung des Managermagazins und betreffen den 30.9.2013 und die Veränderungen seit dem Stichtag des Vorjahres.

	Ums-rend.	AR-F 2014	WoB-I 14	I-11-14	MA 09.2013	MA 12-13
	calibriert 0-1	in %	in %	in %	Abs. Zahlen	in %
Adidas	0,5	33	16,67	8,33	48842	4
BASF	0,7	25	18,75	10,42	112617	1,5
Bayer	0,8	20	10	5	113300	2,5
Beiesrdorf	0,9	25	12,5	0	16550	0
BMW	0,7	25	18,75	11,25	109871	5
Conti	0,6	20	15,56	13,06	177387	4,4
Daimler	0,6	25	19,64	17,14	276320	0,3
Dt Post	0,4	35	17,5	5	433796	1,3
Dt Telek	0,2	35	25,83	15,83	229094	-1
Eon	0,2	17	17,33	-5	64225	-12
FMC	0,8	0	0	0	94080	3,5
Fres	0,5	0	0	0	175249	4,1
HeidCem	0,5	17	8,33	8,33	53621	0
Henkel	1	44	30,21	17,71	46838	0
Infineon	0,7	17	8,33	0	26725	0
K+S	1	13	6,25	3,13	14318	0
Lanxess	-0,2	17	8,33	4,17	17502	1,9
Linde	0,8	17	8,33	8,33	63185	0,7
Lufthansa	0,1	35	37,5	30	117538	-0,4
Merck	1	38	18,75	6,25	37976	-4
RWE	-0,5	15	7,5	2,5	67267	-4
SAP	1	22	11,1	-0,35	66061	7,7
Siemens	0,6	25	19,64	-2,86	362000	-1
ThyssenKru	-0,4	15	15	7,5	156865	0
VW	0,5	15	7,5	5	570089	3,4

Abbildung 2: Überblick über die Parameter © Mohr mit WoB-I, Statista, Unternehmensangaben

Die Tabelle enthält die Dax-Unternehmen, für die Umsatzrendite bedeutsam ist. Deshalb sind Finanzdienstleistungsunternehmen (Banken, Versicherung, Deutsche Börse) nicht enthalten. Die Zahlen sind kalibriert zwischen 0 und 1 für die QCA (Qualitative comparative Analysis). Bei allen Unternehmen mit einer Ausnahme sind dies die

Umsatzrenditezahlen, um eine Kommastelle versetzt. Bei SAP ist dies aus Rechengründen etwas nach unten verzerrt, weil die Umsatzrendite dort 17 % beträgt, dies aber mit 1 kalibriert wurde. AR-F ist der Frauenanteil in den Aufsichtsräten zum 30.9.2014 in Prozent. Der WoB-I ist der Women-on-Board-Index, er enthält sowohl den Frauenanteil in Aufsichtsräten als auch in Vorständen. I-11-14 ist die Veränderung des WoB-I von 2011 bis 2014 in Prozent. MA-Zahl gibt die absolute Mitarbeiteranzahl (Inland und Ausland) der Konzerne an. Die letzte Spalte enthält die Veränderung der Beschäftigtenzahlen zwischen 2012 und 2013 in Prozent.

Es zeigte sich als Ergebnis, dass der Frauenanteil in den Führungsgremien der DAX-Unternehmen zwischen 2011 und 2014 gestiegen ist, bei den meisten im einstelligen oder niedrigen Zehner-Prozentbereich. In vier Unternehmen blieb er gleich, ThyssenKrupp und Infineon sowie Fresenius und Fresenius Medical Care, wobei es bei den letzten beiden nichts zu verschlechtern gab. Bei zweien (Siemens, SAP) hatte sich der Frauenanteil minimal verschlechtert. Frauen waren in den Aufsichtsräten der DAX-Unternehmen von gar nicht (Fresenius und Fresenius Medical Care) bis hin zu 38 % (Merck) vertreten. Der Durchschnitt lag bei 18,9 Prozent. Interessant war die Gleichverteilung zwischen Arbeitnehmer- und Arbeitgeberseite. Von der Arbeitnehmerseite kamen 9,5 und von der Arbeitgeberseite 9,4 Prozent der Frauen im Aufsichtsrat.

Auf der operativen Ebene, in den Vorständen fand und findet man Frauen durch die Bank seltener, im Jahre 2019 insgesamt 5,8 Prozent, d.h. auf etwa 20 Männer kommt eine Frau. Oft halbierte die Vorstandszahl den WoB-Index, so dass etwa bei

Daimler mit 25 Prozent im Aufsichtsrat und 14 Prozent im Vorstand (eine von sieben) dann ein WoB-Index von 19,64 Prozent resultiert. Auch hier bildeten die beiden Fresenius-Konzerne wieder das Schlusslicht (keine Frau in Aufsichtsrat und Vorstand). Inzwischen, das sei gesagt, hat sich die Situation verändert.

Korreliert man die Umsatzrendite mit den Frauen in Führungspositionen fand man keinen signifikanten Zusammenhang. Mehr Frauen in den Führungspositionen veränderten also diese Leistungskennziffer des Unternehmens nicht. Mitarbeiterzahlveränderungen, Zuwächse oder Abbau ergaben allerdings auch keinen korrelativen Zusammenhang zum Vorhandensein von Frauen in Führungsgremien.

Als zweites Verfahren neben der Korrelation wurde die QCA (Qualitative Comparative Analysis) von Ragin (1987) verwendet. Dieses für geringe Fallzahlen entwickelte Verfahren (Schneider und Wagenbach, 2007), ergab ebenfalls kein Zusammenhang zwischen Frauenanteil und den Leistungsgrößen Umsatzrendite und Mitarbeiterentwicklung.

Die freiwillige Selbstverpflichtung zu der Beteiligung von Frauen in Aufsichtsräten hat – betrachtet man die Entwicklung des WoB-Index zwischen 2011 und 2014 – nicht viel gebracht. Die Systemdynamik Aufmerksamkeit (Mohr, 2006) hatte sich nicht in die Richtung verändert, dass deutlich mehr Frauen in die Führungsgremien kamen. Der Bezugsrahmen wurde nicht verändert. Befürchtungen zum Untergang des Leistungsgedankens, zu niedriger Rendite und hoher Anzahl von Mitarbeiter haben sich ebenso wenig bewahrheitet wie die Hoffnung, ein Unternehmen mit hohem Frauenanteil in der

Führung würde leistungsmäßig besser dastehen. Vielleicht war der Anteil der Frauen dafür in den Unternehmen noch nicht groß genug oder die Betrachtung war zu kurzfristig.

Einige Untersuchungen legen eine Performancesteigerung durch Frauen nahe: Frauen gehen in der Rolle als Managerin auf und handeln den Rollenanforderungen entsprechend. Dies unterscheidet sie nicht von ihren männlichen Kollegen. Die Rolle scheint ein stärkerer Faktor als die Genderzugehörigkeit zu sein. Weder vermeintliche Kompetenzdefizite noch „typisch weibliche Persönlichkeitseigenschaften", wie sie vorurteilsmäßig oft geäußert werden, finden in den Zahlenergebnissen ihren Widerhall. Insofern war die Geschlechterquote per Gesetz aufgrund des Gleichbeteiligungsgedankens höchste Zeit, um hier die gesellschaftliche Entwicklung zu fördern.

Und politische Interventionen in das Wirtschaftsgeschehen haben in einer durch eine marktwirtschaftliche Grundverfassung orientierten Wirtschaft immer ein Problem. Frei nach Watzlawik gilt: „Man kann nicht nicht intervenieren". Wenn man nichts tut, interveniert man auch, nämlich zugunsten der bestehenden Verhältnisse. Die Systemdynamik des Gleichgewichts (Mohr, 2006) wirkt sich für das Althergebrachte aus. Dies hat man auch bei früheren grundlegenden Veränderungen im Wirtschaftsgeschehen, etwa der Abschaffung der Sklaverei oder der Einführung von Arbeitnehmerschutzrechten festgestellt.

4.4. Das Gesetz

Bedeutsam ist dieser Eingriff in die Unternehmensleitung und das Management, weil er durch eine gesellschaftspolitische Intervention erfolgt. Es ist quasi eine staatliche verordnete Organisationsentwicklung. Nach der Verankerung der Mitbestimmung vor vielen Jahrzehnten, also dem Mitspracherecht der Arbeitnehmer, ist nun seit 2015 quer durch Anteilseigner und Arbeitnehmer die Mitsprache der Frauen gesetzlich festgelegt. Deutschland war nicht das erste Land mit reinem solchen Gesetz. In Norwegen wurde bereits 1981 von staatlicher Seite interveniert. Die insgesamt 24 Artikel des deutschen „Gesetz für die gleichberechtigte Teilhabe von Frauen und Männern an Führungspositionen in der Privatwirtschaft und im öffentlichen Dienst" umfassen verschiedene Aspekte: Die feste 30-Prozent-Quote gilt für Aufsichtsräte von börsennotierten und gleichzeitig paritätisch mitbestimmungspflichtigen Unternehmen. Aufsichtsräte sind eine im deutschen Unternehmensrecht vorhandene Führungsgremien mit starker Kontrollfunktion und für strategische Entscheidungen, die den Vorstand, der das operative Geschäft verantwortet, ergänzen. Im angelsächsischen Raum gibt es nur ein Organ, das Board, dessen Mitglieder beide Funktionen integrieren. Paritätische Mitbestimmung bedeutet, dass der Aufsichtsrat zu gleicher Anzahl aus Vertretern der Arbeitnehmer und zur anderen Hälfte aus Vertretern der Anteilseigner besetzt werden muss. Der Aufsichtsrat muss sich dort zu mindestens 30 Prozent aus Frauen und zu mindestens 30 Prozent aus Männern zusammensetzen. Die Geschlechterquote stellt also eine Mindestquote für Frauen und Männer dar. Bei der Berechnung der 30-Prozent-Quote gibt es die Gesamterfüllung und die Getrennterfüllung. Bei der Gesamterfüllung gilt die Mindestquote für den gesamten Aufsichtsrat, sodass beispielsweise bei einem Aufsichtsrat mit 12 Mitgliedern sich vier weibliche Mitglieder befinden müssen. Ob die weiblichen Mitglieder auf der Anteilseigner- oder Arbeitnehmerbank sitzen, ist hier irrelevant; entscheidend ist nur das Ergebnis von 30 Prozent. Vor jeder Wahl kann allerdings der Gesamterfüllung widersprochen werden, sodass jede Gruppe (Arbeitnehmer und Arbeitgeber) die 30-Prozent-Quote einzeln erfüllen muss.

Die Zielgrößen betreffen andere Unternehmen, nämlich die, die mitbestimmungspflichtig oder börsennotiert sind. Sie fallen zwar nicht unter den Anwendungsbereich der 30-Prozent-Regelung, sind allerdings verpflichtet selbst zu entscheiden, wie hoch die Zielgrößen für die Gremien Aufsichtsrat und Vorstand sowie die beiden ersten Managementebenen sein sollen. Eine Mindestzielgröße gibt es nicht. Die festgelegte Zielgröße darf jedoch nicht unter die aktuellen Quote fallen. Nach dem Prinzip „Comply or Explain" müssen die Unternehmen berichten, ob die Zielgrößen eingehalten wurden und falls nicht, welche Gründe dafür vorlagen.

4.5. Die Auswirkungen der Geschlechterquote

Das norwegische Gesetz stammt aus dem Jahr 2003 und hat eine Quote von 40 Prozent „für Aufsichtsräte staatlicher und börsennotierter Unternehmen beschlossen und für den Fall der Nichterfüllung teilweise sehr harte Sanktionen festgelegt, bis hin zur Auflösung des Unternehmens" (Deutsches Institut für Wirtschaft, 2019). Dale-Olsen, Schøne, and Verner (2014) sehen die Auswirkungen der norwegischen Quotenpolitik als vernachlässigbar. Ahern and Dittmar (2012) fanden für den Zeitraum 2008/2009 dagegen Wertverluste bis zu 20 Prozent gegenüber vorher, wo es keine weiblichen Mitglieder gab. Ursächlich sehen sie dafür Unerfahrenheit in den Boards, halten es aber auch für möglich, dass das nur ein zeitweiser Effekt ist. Sie sehen aber auch ganz andere Gründe, wie die allgemeine Wirtschaftskrise, die eine Rolle gespielt haben könnte. Studien von Matsa and Miller (2013) und Nygaard (2011) hatten andere Ergebnisse.

Es gibt als keine konsistenten Ergebnisse, die einen negativen oder positiven Effekt auf die Unternehmensresultate belegen. Aber es gibt eine deutliche Korrelation zwischen der Anwesenheit von Frauen in Boards und Frauen in den direkt darunter befindlichen Managementebenen. Diese werden offensichtlich gefördert.

Wie lief es mit dem deutschen Gesetz bisher? Es hat sich Einiges verändert. Der Anteil von Frauen in den Aufsichtsräten der vom Gesetz betroffenen Unternehmen liegt im Durchschnitt über 30 Prozent. Das Gesetz hat zu einem signifikanten Anstieg des Anteils der Frauen in den Aufsichtsräten geführt (FiDar, 2019). Die Quote liegt in der ersten Gruppe von Unternehmen in Aufsichtsräten über 30 Prozent. Bei den DAX-Unternehmen bringen es SAP und Wirecard auf einen 50-Prozent-Anteil, Deutsche Telekom, Münchener Rückversicherung, Beiersdorf, Heidelberger Zement und ThyssenKrupp kommen auf mehr als 40 Prozent Frauenanteil im Aufsichtsrat. Sogar in den Vorständen ist der Anteil der Frauen in Deutschland etwas gestiegen, bleibt aber noch unter 10 Prozent. Weniger als fünf Prozent der großen Unternehmen haben einen weiblichen CEO (Noland et al., 2016). Diese Zahl ist in den USA sogar im Moment wieder rückläufig.

Gab es Verletzungen des deutschen Gesetzes? Einzig der bekannte Porzellanhersteller Villeroy & Boch konnte aufgrund der Geschlechterquote im September 2017 einen Sitz im Aufsichtsrat nicht besetzen. Dies brachte erstmals einen „leeren Stuhl". Grund für den unbesetzten Sitz war, dass die Arbeitnehmer, die fünf der zwölf Aufsichtsräte stellen, nur eine Frau gewählt hatten und nicht, wie im Kontrollgremium zuvor angestrebt, zwei Frauen. Außer einer Frau bekamen nur Männer die volle Stimmenzahl. Der Aufsichtsrat hielt so die 30-Prozent-Quote nicht ein. Diese Unterbesetzung führte dazu, dass der „leerer Stuhl" drei Monate lang andauerte. Ein Gericht musste eine Ersatzbestellung für eine Aufsichtsrätin durchführen. Eine Vertreterin der Gewerkschaft wurde gewählt und nun ist der Aufsichtsrat der Quotenregelung entsprechend besetzt (Handelsblatt, 13.9.2018).

Im WoB-185-Bericht (FiDar, 2019) wird sehr deutlich, wie viele Überlegungen sich Unternehmen jetzt in Hinblick auf die Zusammensetzung der Aufsichtsräte machen müssen. Außerdem geht der Bericht ausführlich auf die Zielsetzungen ein, die Unternehmen jetzt für die Beteiligung der Frauen machen müssen. Die Zielbegründungen in den Geschäftsberichten sind detailliert, selbst wenn diese bei 0 Prozent lagen, etwa beim aktiennotierten Fußballverein Borussia Dortmund. Aber auch dort hat man dies eher mit Bedauern und der Hoffnung auf Änderung dargestellt.

Es gibt natürlich auch Begründungen, die sehr an alte Zeiten erinnern und so tun, als wenn Leistung und Frauenanteil sich widersprechen: „Der Frauenanteil im Aufsichtsrat und Vorstand der Aumann AG beträgt 0 %. Eine höhere Zielgröße ist in den nächsten Jahren nicht vorgesehen. Dies gilt analog im

Fall von Managementebenen unterhalb des Vorstandes." Im Diversitätskonzept dieser Firma heißt es weiter, „Kriterien wie das Geschlecht der Kandidatin oder des Kandidaten, auch wenn die Vielfalt ausdrücklich begrüßt wird, halten wir für nachrangig. Es ist beabsichtigt, daran auch in Zukunft festzuhalten, um so Erfahrung und Kompetenz zu sichern" (FiDar, S. 39).

Ein direkter Effekt der staatlichen Intervention mit einer Quote auf die wirtschaftliche Performance der Unternehmen lässt sich nicht nachweisen (Nolland et al., 2016). Dies korrespondiert mit den Ergebnissen, dass der Faktor „Rolle" stärker ist als der Faktor „Gender". Allerdings gibt es andere wichtige Effekte. Je mehr Frauen in den Vorständen sind, desto mehr Frauen werden auch in höhere Führungsebenen berufen. Frauen in Toppositionen sorgen dafür, dass auch mehr Frauen in Managementpositionen kommen, die dann wieder Voraussetzung für Toppositionen ist.

Gesellschaftspolitische Interventionen, die die Teilhabe und die Demokratisierung in der Wirtschaft fördern, tragen gerade in Krisenzeiten zur Stabilisierung, also zur Resilienz des gesamten Systems, bei. Schon die Mitwirkung der Arbeitnehmer in der deutschen Wirtschaft hat in der letzten Wirtschaftskrise nach 2008 dazu beigetragen, Schaden zu vermeiden. Denn durch die jahrzehntelange Partnerschaft konnten im Krisenfall Vereinbarungen zwischen Arbeitgebern und Arbeitnehmern getroffen werden, die Massenentlassungen verhinderten. Interessant wird in Zukunft die Frage, wie neue Formen des Wirtschaftens, New Work im Zuge der Digitalisierung umgesetzt werden, da sie die Vereinbarkeit von verschiedenen Lebensbereichen erleichtert. Insgesamt stellt sich damit tatsächlich die

Frage, welche Auswirkung gesellschaftspolitische Eingriffe in die Unternehmensverfassung haben.

Zusammenfassende Ergebnisse in 10 Punkten:

1. Frauen werden in Befragungen subjektiv in vielen Führungsdimensionen größere Fähigkeiten attestiert als Männern.
2. Es gibt keine eindeutigen Ergebnisse, dass mehr Frauen in Aufsichtsräten und Vorständen zu höherer Unternehmensleistung oder höheren Börsenwerten führen.
3. Es gibt keine Belege, dass mehr Frauen in Boards und Vorständen zu geringeren Leistungswerten führt.
4. Frauen als CEO haben keinen signifikanten Einfluss auf den Unternehmenserfolg.
5. Frauen in Aufsichtsräten und Vorständen führen auch zu mehr Frauen in den weiteren Managementebenen.
6. Es gibt Hinweise darauf, dass ein hoher Anteil an Frauen in Topführungspositionen dazu führt, dass Unternehmen in Krisenzeiten weniger zum Mittel der Personalreduktion greifen, um den Profit zu erhöhen.
7. Generell gilt: Die Rollenerfüllung in Management scheint ein stärkerer Faktor für Unternehmensresultate zu sein als die Genderzugehörigkeit. Frauen handeln im Durchschnitt in den Toppositionen nicht anders als Männer.
8. Durch eine höheres Qualifikationsniveau und mehr Abschlüsse von Frauen vor allem in Mathe und den MINT-Fächern steht auch für technisch orientierte

Konzerne eine größeres Führungskräftepotenzial zur Verfügung.

9. Es bleibt zu prüfen, ob Unternehmensleitungen insgesamt professioneller handeln oder der System-Resilienz-Gedanke überall eine größere Rolle als Unternehmensziel spielt.
10. Es bleibt das normative Argument, dass durch mehr Frauen in Topführungspositionen Diskriminierung abnimmt und ein größeres Potenzial an Führungskräften zur Verfügung steht.

4.6. Fazit

Organisationsentwicklung von staatlicher Seite hat deutliche Auswirkungen auf Unternehmen. Gewohnheitswirklichkeiten und Vorurteilssysteme werden aufgebrochen. Diese Erkenntnisse bleiben wichtig, sind auch für zukünftige gesellschaftspolitische Interventionen in Unternehmen und Organisationen zu berücksichtigen. Fortschritt ergibt sich nicht allein durch die reinen Marktkräfte. Die Beharrungskräfte bisheriger Gleichgewichte scheinen oft stärker zu sein als Veränderungsüberzeugungen (Mohr, 2015). Deshalb bleiben politische Interventionen sinnvoll.

Tiefer einsteigen und Weiterlesen

Gesetz für die gleichberechtigte Teilhabe von Frauen und Männern an Führungspositionen in der Privatwirtschaft und im öffentlichen Dienst: https://www.bgbl.de/xaver/bgbl/start.xav?startbk=Bundesanzeiger_BGBl&jumpTo=bgbl115s0642.pdf#__bgbl__%2F%2F*%5B%40attr_id%3D%27bgbl115s0642.pdf%27%5D__1563947582734

Carter, D.A. D'Souza, F., Simkins, B.J. and Simpson, W.G. (2010): The Gender and Ethnic Diversity of US Boards and Board Committees and Firm Financial Performance, Corporate Governance: An International Review, 2010, 18(5): 396–414

Catalyst (2004): The Bottom Line: Connecting Corporate Performance and Gender Diversity; http://www.catalyst.org/publication/82/the-bottom-line-connecting-corporate-perfor- mance-and-gender-diversity (Stand: 25.7.2019).

Deutsches Institut für Wirtschaft, (2019): Geschlechterquote. https://www.diw.de/de/diw_01.c.575546.de/presse/glossar/geschlechterquote.html (gelesen: 26.7.20199)

Erhardt, N.L., Werbel, J.D. and Shrader, C.B. (2003) Board of Director Diversity and Firm Financial Performance. Corporate Governance: An International Review, 11, 102-111. https://doi.org/10.1111/1467-8683.00011

FidAR (Frauen in die Aufsichtsräte) (2019): Studie zum Women-on-Board-Index 185, Stand 14.01.2019, aktualisiert zum1.04.2019: https://www.fidar.de/webmedia/documents/wob-index-185/2019-06/190114_Studie_WoB-Index_185_III.pdf

Handelsblatt, 3.9.2018, https://www.handelsblatt.com/unternehmen/beruf-und-buero/the_shift/villeroy-und-boch-frauenquote-sorgt-erstmals-fuer-unbesetzte-stelle-in-einem-aufsichtsrat/23063546.html?ticket=ST-183356-OhaW2YR7ioEuksyufPLt-ap2 (gelesen: 25.7.2019)

McKinsey & Company (2007): Women Matter 1 – Gender diversity, a corporate performance driver; http://www.mckinsey.at/downloads/publikation/women_matter/Women_Matter_1_ brochure.pdf (Stand: 25.7.2019), außerdem: McKinsey (2019): https://www.mckinsey.de/news/presse/neue-studie-belegt-zusammenhang-zwischen-diversitat-und-geschaftserfolg Stand: 25.7.2019)

Lindstpanädt, Hagen/ Wolff, Michael/ Fehre, Kerstin (2011), Frauen in Führungspositionen — Auswirkungen auf den Unternehmenserfolg, Bundesministerium für Familie, Senioren, Frauen und Jugend
(Hrsg.), http://www.bmfsfj.de/BMFSFJ/Service/Publikationen/publikationsliste,did=175142.html (25.7.2019).

Matsa, D.A. und Miller, A.R. (2013) A Female Style in Corporate Leadership? Evidence from Quotas, VOL. 5, NO. 3, JULY 2013

Mohr, G. (2015): Systemische Wirtschaftsanalyse, Bergisch-Gladbach: EHP-Verlag.

Mohr, G. (2016): Die innere Hauptgrenzlinie von Organisationen nach Berne und die Frauenquote: Notwendige Organisationsentwicklung oder Ende des Leistungsgedankens? In ZTA, 1, 33, S. 41-52.

Mohr, G. (2019): An Application of Berne's Organizational Boundary Theory and a Quota for Women on Company Boards, Transactional Analysis Journal, 49:1, 43-52.

Netto-Umsatzrenditen der DAX-Unternehmen* im Jahr 2013, in: https://de.statista.com/statistik/daten/studie/292789/umfrage/netto-umsatzrenditen-der-dax-unternehmen/ (gelesen: 25.7.2019)

Noland, M., Moran, T. and Kotschwar, B. (2016): Is Gender Diversity Profitable? Evidence from a Global Survey. https://www.piie.com/publications/wp/wp16-3.pdf (gelesen 24.7.2019)

Nygaard, Knut, Forced Board Changes: Evidence from Norway (March 9, 2011). NHH Dept. of Economics Discussion Paper No. 5/2011; 24th Australasian Finance and Banking Conference 2011 Paper. Available at SSRN: https://ssrn.com/abstract=1793227 or http://dx.doi.org/10.2139/ssrn.1793227 (gelesen: 25.7.2019)

Zenger, J. Und Folkman, J. (2019): Women
Score Higher Than Men in Most Leadership Skills, Harvard Business Review, June 25, 2019; https://hbr.org/2019/06/research-women-score-higher-than-men-in-most-leadership-skills (gelesen: 25.7.2019)